Agite

Kurzgrammatik

Herausgegeben und erarbeitet von:
Jörgen Vogel und Benedikt van Vugt

Schöningh

Schöningh Verlag, Jühenplatz 1–3, 33098 Paderborn

Druck A 5 4 3 2 1 / Jahr 2020 19 18 17 16
Alle Drucke der Serie A sind im Unterricht parallel verwendbar.
Die letzte Zahl bezeichnet das Jahr dieses Druckes.

Umschlaggestaltung: Nora Krull, Bielefeld
Umschlagabbildung: © Paul Hardy/Corbis
Druck und Bindung: westermann druck GmbH, Braunschweig

ISBN 978-3-14-010403-6

Vorwort

Diese Kurzgrammatik ist eine Zusammenfassung des grammatischen Stoffes, der in der Spracherwerbsphase behandelt wurde. Sie ist gedacht für die Hand des Schülers zur Wiederholung in der Lehrbuchphase und zur Begleitung während der folgenden Lektüre.

Die in dieser Grammatik verwendeten Beispielsätze sind teilweise dem Unterrichtswerk AGITE entnommen. Doch auch unabhängig von dem Lehrbuch ist eine Arbeit mit dieser Grammatik in jeder Phase des Lateinunterrichts und auch bei der eigenständigen Nacharbeit möglich. Dies wird wesentlich erleichtert durch den klaren Aufbau, die einprägsamen Beispiele mit deutschen Übersetzungen und durch hilfreiche Darlegungen von Übersetzungsmethoden.

In vier Abschnitten wird eine systematische Übersicht über die lateinische Formenlehre, die Satzlehre sowie eine Einführung in Textgrammatik und Verslehre gegeben. Die Auswahl der grammatischen Phänomene und ihre Erklärungen wurden dabei auf das für den lateinischen Lektüreunterricht Wesentliche beschränkt.

Die Formenlehre enthält die Definitionen der Wortarten, der Satzglieder und Satzgliedteile, die Deklinationen der Nomina, die Konjugationen der Verben und die wichtigsten Regeln zu den Adverbien.

Die Satzlehre behandelt neben den Satzglied- und Kasusfunktionen vor allem die satzwertigen Konstruktionen, den Gebrauch von Modi und Tempora sowie die Haupt- und Nebensätze, d. h. die verschiedenen unabhängigen und abhängigen Satzarten. Dabei wird auch immer die syntaktische Funktion der Nebensätze berücksichtigt.

Am Beispiel einer längeren Textpassage eines lateinischen Originaltextes zeigt die Textgrammatik, wie durch die sichere Kenntnis von Formenlehre, Satzgrammatik und Stilistik der gedankliche Zusammenhang und der Aufbau eines Textes erschlossen werden, sodass der Text abschließend in einer umfassenden Interpretation ausgewertet werden kann.

Um auch die erste Dichterlektüre gründlich vorzubereiten, gibt die Verslehre eine Einführung in die wichtigsten Regeln der Quantitäten, der Versmaße und der Zäsuren.

Mit dieser Kurzgrammatik werden eine solide Wiederholung und ein selbstständiges Arbeiten der Schülerinnen und Schüler gewährleistet, das Sicherheit bei der Lektüre vermittelt und Freude an den lateinischen Texten ermöglicht.

Die Herausgeber

Inhaltsverzeichnis

Formenlehre

Grundbegriffe der Grammatik

Flektierbare Wortarten

Die Deklination der Substantive

Die Deklination der Adjektive

Die Steigerung der Adjektive

Adverbien

Pronomina

Zahlwörter

Verben

Satzlehre

Satzglieder und Satzgliedteile

Kasusfunktionen

Satzwertige Konstruktionen

Tempusgebrauch

Modi

Unabhängige Satzarten

Abhängige Satzarten

Textgrammatik

Metrik

Grundbegriffe der Grammatik

1 Wortarten

Wie im Deutschen werden die lateinischen Wörter in veränderliche (flektierbare) und unveränderliche (nicht flektierbare) eingeteilt.

1. Veränderliche (flektierbare) Wörter sind
Nomina, die **dekliniert** werden:
a) Substantive (Hauptwörter)
b) Adjektive (Eigenschaftswörter)
c) Pronomina (Fürwörter)
d) Numeralia (Zahlwörter)
Verben (Tätigkeitswörter), die **konjugiert** werden.

2. Jedes **Nomen**, das dekliniert wird, kann bestimmt werden durch **Kasus** (Fall), **Numerus** (Zahl) und **Genus** (Geschlecht).
Im Lateinischen gibt es folgende **Kasus**: Nominativ
Genitiv
Dativ
Akkusativ
Ablativ
Vokativ
Im Lateinischen gibt es zwei **Numeri**: Singular (Einzahl)
Plural (Mehrzahl)
Man unterscheidet drei **Genera**: Maskulinum (männliches Geschlecht)
Femininum (weibliches Geschlecht)
Neutrum (sächliches Geschlecht)

3. Eine **finite Verbform** ist durch **fünf Merkmale** bestimmt:
Person: 1. Person (sprechende Person)
2. Person (angesprochene Person)
3. Person (besprochene Person)
Numerus: Singular oder Plural
Modus: Indikativ, Konjunktiv, Imperativ
Tempus: Präsens, Imperfekt, Futur I
Perfekt, Plusquamperfekt, Futur II
Genus verbi (Diathese): Aktiv oder Passiv

4. Unveränderliche Wörter sind:
1. Adverbien (Umstandswörter)
2. Präpositionen (Verhältniswörter)
3. Konjunktionen und Subjunktionen (beiordnende und unterordnende Bindewörter)
4. Interjektionen (Ausrufewörter)

2 Satzglieder und Satzgliedteile

Bei der Analyse eines Satzes sind folgende Satzglieder bzw. Satzgliedteile zu berücksichtigen, aus denen ein Satz gebildet werden kann (vgl. **39–40**).

Prädikat:	die Satzaussage
Subjekt:	der Satzgegenstand Das Subjekt stimmt in Person und Numerus meist mit dem Prädikat überein (Kongruenz).
Objekt:	die vom Prädikat gegebenenfalls geforderte Satzergänzung Der Kasus des Objekts hängt daher vom jeweiligen Prädikat ab. Wenige Verben verlangen kein Objekt, die meisten Verben haben ein Objekt nach sich, manche Verben sogar zwei.
Adverbiale:	die Ergänzung der Satzaussage Das Adverbiale bestimmt oder erläutert die Umstände, unter denen das geschilderte Geschehen stattfindet. Es ist für den Inhalt der Aussage wichtig, aber nicht für die syntaktische Vollständigkeit des Satzes erforderlich.
Attribut:	die Beifügung oder nähere Bestimmung eines Nomens Die Satzglieder Subjekt, Objekt und Adverbiale können als Satzgliedteil das Attribut bei sich haben. Ein Nomen kann mehrere Attribute haben. Das adjektivische Attribut stimmt mit seinem Bezugswort in Kasus, Numerus und Genus überein (KNG-Kongruenz). Die nähere Bestimmung eines Substantivs durch ein anderes Substantiv in demselben Kasus heißt Apposition.
Prädikativum:	ein Adjektiv, Partizip oder Substantiv, das wie ein Attribut in KNG-Kongruenz zu einem Bezugswort steht Im Unterschied zum Attribut enthält es die nähere Bestimmung zur Satzaussage.

Flektierbare Wortarten

Die Deklination der Substantive

3 Die a-Deklination

	Singular	Plural
Nominativ	amīca – die Freundin	amīcae – die Freundinnen
Genitiv	amīcae – der Freundin	amīcārum – der Freundinnen
Dativ	amīcae – der Freundin	amīcīs – den Freundinnen
Akkusativ	amīcam – die Freundin	amīcās – die Freundinnen
Ablativ	cum amīcā – mit der Freundin	cum amīcīs – mit den Freundinnen
Vokativ	amīca – Freundin	amīcae – Freundinnen

4 Die o-Deklination masculinum

	Singular		Plural	
Nominativ	amīcus – der Freund	puer	amīcī – die Freunde	puerī
Genitiv	amīcī – des Freundes	puerī	amīcōrum – der Freunde	puerōrum
Dativ	amīcō – dem Freund	puerō	amīcīs – den Freunden	puerīs
Akkusativ	amīcum – den Freund	puerum	amīcōs – die Freunde	puerōs
Ablativ	cum amīcō – mit dem Freund	cum puerō	cum amīcīs – mit den Freunden	cum puerīs
Vokativ	amīce – Freund	puer	amīcī – Freunde	puerī

Bei den Wörtern der o-Deklination wie puer, puerī gehört das -e- zum Wortstock, bei den Wörtern wie liber, librī nicht.

5 Die o-Deklination neutrum

	Singular	Plural
Nominativ	templum – der Tempel	templa – die Tempel
Genitiv	templī – des Tempels	templōrum – der Tempel
Dativ	templō – dem Tempel	templīs – den Tempeln
Akkusativ	templum – den Tempel	templa – die Tempel
Ablativ	in templō – im Tempel	in templīs – in den Tempeln

6 Die dritte Deklination

	Singular	Plural	Singular	Plural	Singular	Plural
Nominativ	rēx	rēgēs	māter	mātrēs	urbs	urbēs
Genitiv	rēgis	rēgum	mātris	mātrum	urbis	urbium
Dativ	rēgī	rēgibus	mātrī	mātribus	urbī	urbibus
Akkusativ	rēgem	rēgēs	mātrem	mātrēs	urbem	urbēs
Ablativ	rēge	rēgibus	mātre	mātribus	urbe	urbibus
Vokativ	rēx	rēgēs	māter	mātrēs		

Dritte Deklination: Neutra

	Singular	Plural	Singular	Plural
Nominativ	tempus	tempora	mare	maria
Genitiv	temporis	temporum	maris	marium
Dativ	temporī	temporibus	marī	maribus
Akkusativ	tempus	tempora	mare	maria
Ablativ	tempore	temporibus	marī	maribus

Der Vokativ bei den Substantiven der dritten Deklination entspricht dem Nominativ.
Bei den Substantiven der dritten Deklination lautet die Endung im Genitiv Plural in der Regel -um.
Die Endung -ium haben im Genitiv Plural (abgesehen von wenigen Ausnahmen) die **gleichsilbigen Substantive** auf -is und -es (z.B.: nāvis, nāvis f. das Schiff, oder nubēs, nubis f. die Wolke), oder Substantive, die vor der Genitivendung **mehr als einen Konsonanten** haben (z.B.: urbs, urb-is f. die Stadt, oder gens, gent-is f. das Geschlecht).
mare, maris n., das Meer, gehört wie animal, animālis n. das Lebewesen, zu den **i-Stämmen**. Bei diesen Substantiven lautet der Abl Sing. auf -ī, der Nom./Akk. Plur. n. auf -ia und der Gen. Plur auf -ium.
vīs f. die Kraft, hat im Sg. nur die Formen des Akkusativs (vim) und des Ablativs (vī), der Plural lautet: vīrēs, virium usw.

7 Die e-Deklination

	Singular	Plural
Nominativ	rēs	rēs
Genitiv	reī	rērum
Dativ	reī	rēbus
Akkusativ	rem	rēs
Ablativ	rē	rēbus

Die Substantive der e-Deklination sind Feminina; diēs in der Bedeutung „der Tag“ ist Maskulinum.

8 Die u-Deklination

	Singular	Plural	Singular	Plural
Nominativ	magistrātus	magistrātūs	domus	domūs
Genitiv	magistrātūs	magistrātuum	domūs	dom**ōrum**
Dativ	magistrātuī	magistrātibus	domuī	domibus
Akkusativ	magistrātum	magistrātūs	domum	dom**ōs**
Ablativ	magistrātū	magistrātibus	in dom**ō**	in domibus

Die Substantive der u-Deklination sind Maskulina; Feminina sind manus und domus.

Die Deklination der Adjektive

9 Adjektive der a- und o-Deklination

	Singular			Plural		
	m.	**f.**	**n.**	**m.**	**f.**	**n.**
Nominativ	bonus	bona	bonum	bonī	bonae	bona
Genitiv	bonī	bonae	bonī	bonōrum	bonārum	bonōrum
Dativ	bonō	bonae	bonō	bonīs	bonīs	bonīs
Akkusativ	bonum	bonam	bonum	bonōs	bonās	bona
Ablativ	bonō	bonā	bonō	bonīs	bonīs	bonīs

10
Adjektive der dritten Deklination

Man unterscheidet bei den Adjektiven der dritten Deklination
dreiendige Adjektive (mit Formen für alle drei Genera im Nominativ Singular): ācer (m.), ācris (f.), ācre (n.)
zweiendige Adjektive (mit gemeinsamen Formen für Maskulinum und Femininum im Nominativ Singular): brevis (m., f.), breve (n.)
einendige Adjektive (mit gemeinsamen Formen im Nominativ Singular für alle drei Genera): ingēns (m., f., n.).

Die meisten Adjektive der dritten Deklination gehören zu den i-Stämmen. Sie haben daher
-ī im Ablativ Singular
-ia im Nominativ und Akkusativ Plural Neutrum
-ium im Genitiv Plural

11
Die Deklination

	Singular			Plural		
	m.	f.	n.	m.	f.	n.
Nominativ	ācer	ācris	ācre	ācrēs	ācrēs	ācria
Genitiv	ācris	ācris	ācris	ācrium	ācrium	ācrium
Dativ	ācrī	ācrī	ācrī	ācribus	ācribus	ācribus
Akkusativ	ācrem	ācrem	ācre	ācrēs	ācrēs	ācria
Ablativ	ācrī	ācrī	ācrī	ācribus	ācribus	ācribus

Einige einendige Adjektive der dritten Deklination wie vetus, pauper, dives gehören zu den Konsonantenstämmen. Sie haben im Abl. Sing. den Ausgang -e, im Nom./Akk. Plur. Neutrum den Ausgang -a, im Gen. Plur. den Ausgang -um.

Die Steigerung der Adjektive

Den Vergleich verschiedener Eigenschaften nennt man **Komparation** (von comparāre: vergleichen). Wie im Deutschen gibt es im Lateinischen drei Komparationsformen (Vergleichsstufen): den **Positiv** (Grundstufe), den **Komparativ** (Steigerungsstufe) und den **Superlativ** (Höchststufe).

12
Der Komparativ

Der Komparativ der Adjektive wird gebildet, indem an den Wortstock das Suffix **-ior** (m., f.) bzw. **-ius** (n.) gehängt wird. Die Deklination des Komparativs entspricht der der Konsonantenstämme (vgl 11 Anm.):

	Singular			Plural		
	m.	**f.**	**n.**	**m.**	**f.**	**n.**
Nominativ	altior	altior	altius	altiōrēs	altiōrēs	altiōra
Genitiv	altiōris	altiōris	altiōris	altiōrum	altiōrum	altiōrum
Dativ	altiōrī	altiōrī	altiōrī	altiōribus	altiōribus	altiōribus
Akkusativ	altiōrem	altiōrem	altius	altiōrēs	altiōrēs	altiōra
Ablativ	altiōre	altiōre	altiōre	altiōribus	altiōribus	altiōribus

13 Der Superlativ

Bei den **meisten Adjektiven** wird der Superlativ dadurch gebildet, dass an ihren Wortstock das Suffix **-issimus, a, um** gehängt wird:
altus – altissimus; gravis – gravissimus; vehemēns – vehementissimus usw.
Bei den **Adjektiven auf -er** wird an den Nom. Sg. Mask. das Suffix **-rimus, a, um** gefügt:
asper – asperrimus; pulcher – pulcherrimus; ācer – ācerrimus usw.
Bei wenigen **Adjektiven auf -lis** tritt zu dem Wortstock das Suffix **-limus, a, um**:
facilis – facillimus usw.
Die Deklination des Superlativs entspricht der Deklination der Adjektive aus der a- und o-Deklination (9).

14 Besonderheiten der Steigerung

Einige Adjektive bilden ihre Steigerungsformen mit verschiedenen Stämmen:

Positiv	Komparativ	Superlativ
bonus, a, um – gut	melior, melius – besser	optimus, a, um – der Beste, sehr gut
malus, a, um – schlecht	peior, peius – schlechter	pessimus, a, um – der Schlechteste, sehr schlecht
magnus, a, um – groß	māior, māius – größer	maximus, a, um – der Größte, sehr groß
parvus, a, um – klein	minor, minus – kleiner	minimus, a, um – der Kleinste, sehr klein
multī, ae, a – viele	plūrēs, plūra – mehr(ere) Gen.: plūrium	plūrimī, ae, a – die Meisten, sehr viele

Adverbien

15 Die Bildung der Adverbien aus den Adjektiven

1. Neben Wörtern, die von sich aus zur Wortart Adverb gehören (z. B. diū, saepe), können Adverbien auch von Adjektiven gebildet werden. Diese Adverbien erkennt man an ihrer Form:
   a) Bei den Adjektiven der **a- und o-Deklination** wird an den Wortstock die Endung **-ē** gesetzt (iūstus → iūstē).
   b) Bei den Adjektiven der **3. Deklination** wird an den Wortstock die Endung **-iter** angefügt (fortis → fortiter). Adjektive, deren Stamm auf **-nt-** endet, erhalten die Endung **-er** (vehemēns → vehementer).

2. Die Übersicht:

a-/o-Deklination		3. Deklination	
Adjektiv	**Adverb**	**Adjektiv**	**Adverb**
molestus, a, um	molest**ē**	brevis, breve	brev**iter**
miser, misera, miserum	miser**ē**	ācer, ācris, ācre	ācr**iter**
pulcher, pulchra, pulchrum	pulchr**ē**	prūdēns, prūdentis	prūden**ter**

3. Die Adverbien der folgenden Adjektive stellen eine Ausnahme dar:
   bonus → bene; rārus → rārō; facilis → facile.

16 Die Steigerung der Adverbien

1. Auch bei den Adverbien gibt es drei Steigerungsstufen (vgl. 12–13).
   Der **Komparativ** aller Adverbien entspricht mit der **Endung -ius** dem Akkusativ Singular Neutrum des Komparativs der Adjektive.
   Der **Superlativ** aller Adverbien, die von Adjektiven gebildet werden, entspricht den Formen des Superlativs mit der bekannten **Endung des Adverbs -ē**.

Adjektiv	Adverb im Positiv	Adverb im Komparativ	Adverb im Superlativ
altus	altē	altius	altissimē
gravis	graviter	gravius	gravissimē
fēlīx	fēliciter	fēlicius	fēlicissimē
vehemēns	vehementer	vehementius	vehementissimē
pulcher	pulchrē	pulchrius	pulcherrimē
celer	celeriter	celerius	celerrimē
facilis	facile	facilius	facillimē

2. Unregelmäßige Adverbbildungen und ihre Steigerung:

Positiv	Komparativ	Superlativ
bene – gut	melius – besser	optimē – am besten, sehr gut
male – schlecht	pēius – schlechter	pessimē – am schlechtesten, sehr schlecht
valdē – sehr	magis – mehr	maximē – am meisten, besonders
multum – viel	plūs – mehr	plūrimum – am meisten, sehr viel
paulum – wenig	minus – weniger	minimē – am wenigsten, sehr wenig
diū – lange	diūtius – länger	diūtissimē – am längsten, sehr lang
saepe – oft	saepius – öfter	saepissimē – sehr oft

Pronomina

17 Personalpronomina der 1. und 2. Person

		1. Person	2. Person
Singular	**Nominativ**	ego – ich	tū – du
	Genitiv	meī – meiner	tuī – deiner
	Dativ	mihi – mir	tibi – dir
	Akkusativ	mē – mich	tē – dich
	Ablativ	ā mē – von mir mēcum – mit mir	ā tē – von dir tēcum – mit dir
Plural	**Nominativ**	nōs – wir	vōs – ihr
	Genitiv	nostrī – unser	vestrī – euer
	Dativ	nōbīs – uns	vōbīs – euch
	Akkusativ	nōs – uns	vōs – euch
	Ablativ	ā nōbīs – von uns nōbīscum – mit uns	ā vōbīs – von euch vōbīscum – mit euch

Die Formen nostrum bzw. vestrum werden nur im genitivus partitivus (totius) verwendet: Quis nostrum? – Wer von uns? (vgl. 42.3)

18 Personalpronomen der 3. Person (reflexiv)

	Singular	Plural
Genitiv	suī – seiner, ihrer	suī – ihrer
Dativ	sibī – sich	sibī – sich
Akkusativ	sē – sich	sē – sich
Ablativ	ā sē – von sich sēcum – mit sich	ā sē – von sich sēcum – mit sich

Wenn sich das Personalpronomen der 3. Person auf das Subjekt desselben Satzes zurückbezieht (**Reflexivität**), steht das reflexive Personalpronomen. Wenn sich das Personalpronomen nicht auf das Subjekt desselben Satzes zurückbezieht (**Nicht-Reflexivität**), wird als Personalpronomen der 3. Person is, ea, id (er, sie, es) verwendet (vgl. 20.7.4).

19 Possessivpronomina

	1. Person	2. Person	3. Person
Singular	meus, a, um – mein	tuus, a, um – dein	suus, a, um – sein, ihr, sein
Plural	noster, nostra, nostrum – unser	vester, vestra, vestrum – euer	suus, a, um – ihr, ihre

Die Deklination der Possessivpronomina entspricht der Deklination der Adjektive der a- und o-Deklination (vgl. 9).

Das Possessivpronomen der 3. Person wird nur verwendet, wenn es sich auf das Subjekt desselben Satzes zurückbezieht. Bei Nicht-Reflexivität wird der Genitiv des Pronomens is, ea, id verwendet (vgl. 20.7.4).

20 Demonstrativpronomina

1. hic dieser (dieser hier)

	Singular			Plural		
	m.	f.	n.	m.	f.	n.
Nominativ	hic	haec	hoc	hī	hae	haec
Genitiv	huius	huius	huius	hōrum	hārum	hōrum
Dativ	huic	huic	huic	hīs	hīs	hīs
Akkusativ	hunc	hanc	hoc	hōs	hās	haec
Ablativ	hōc	hāc	hōc	hīs	hīs	hīs

2. **iste** dieser (der da)

	Singular			Plural		
	m.	**f.**	**n.**	**m.**	**f.**	**n.**
Nominativ	iste	ista	istud	istī	istae	ista
Genitiv	istīus	istīus	istīus	istōrum	istārum	istōrum
Dativ	istī	istī	istī	istīs	istīs	istīs
Akkusativ	istum	istam	istud	istōs	istās	ista
Ablativ	istō	istā	istō	istīs	istīs	istīs

3. **ille** jener

	Singular			Plural		
	m.	**f.**	**n.**	**m.**	**f.**	**n.**
Nominativ	ille	illa	illud	illī	illae	illa
Genitiv	illīus	illīus	illīus	illōrum	illārum	illōrum
Dativ	illī	illī	illī	illīs	illīs	illīs
Akkusativ	illum	illam	illud	illōs	illās	illa
Ablativ	illō	illā	illō	illīs	illīs	illīs

4. **is** dieser; derjenige; er

	Singular			Plural		
	m.	**f.**	**n.**	**m.**	**f.**	**n.**
Nominativ	is	ea	id	iī (eī)	eae	ea
Genitiv	eius	eius	eius	eōrum	eārum	eōrum
Dativ	eī	eī	eī	iīs (eīs)	iīs (eīs)	iīs (eīs)
Akkusativ	eum	eam	id	eōs	eās	ea
Ablativ	eō	eā	eō	iīs (eīs)	iīs (eīs)	iīs (eīs)

5. idem derselbe

	Singular			Plural		
	m.	**f.**	**n.**	**m.**	**f.**	**n.**
Nominativ	īdem	eadem	idem	iīdem	eaedem	eadem
Genitiv	eiusdem	eiusdem	eiusdem	eōrundem	eārundem	eōrundem
Dativ	eīdem	eīdem	eīdem	iīsdem	iīsdem	iīsdem
Akkusativ	eundem	eandem	idem	eōsdem	eāsdem	eadem
Ablativ	eōdem	eādem	eōdem	iīsdem	iīsdem	iīsdem

6. ipse selbst

	Singular			Plural		
	m.	**f.**	**n.**	**m.**	**f.**	**n.**
Nominativ	ipse	ipsa	ipsum	ipsī	ipsae	ipsa
Genitiv	ipsīus	ipsīus	ipsīus	ipsōrum	ipsārum	ipsōrum
Dativ	ipsī	ipsī	ipsī	ipsīs	ipsīs	ipsīs
Akkusativ	ipsum	ipsam	ipsum	ipsōs	ipsās	ipsa
Ablativ	ipsō	ipsā	ipsō	ipsīs	ipsīs	ipsīs

7. Verwendung der Demonstrativpronomina

7.1 hic, haec, hoc weist auf Dinge oder Personen hin, die dem Sprecher räumlich oder zeitlich nahestehen.

7.2 iste, ista, istud bezeichnet häufig Dinge oder Personen, die dem Sprecher gegenüberstehen. Es hat zuweilen eine abwertende Bedeutung.

7.3 ille, illa, illud bezeichnet Dinge oder Personen, die vom Sprecher aus räumlich oder zeitlich entfernt sind.

7.4 Das Pronomen is, ea, id kann als Attribut zu einem Substantiv hinzutreten. Auf dieses weist es mit Nachdruck hin. Es hat dann die Funktion eines **Demonstrativpronomens**. Als Attribut richtet sich das Demonstrativpronomen is, ea, id in **K**asus, **N**umerus und **G**enus nach dem Bezugswort, zu dem es gehört (**KNG-Kongruenz**):
Dominus **eum** servum vocat. Der Herr ruft **diesen** Sklaven.

7.5 Ohne Verbindung mit einem Substantiv übernimmt das Pronomen is, ea, id in abgeschwächter Betonung die Funktion des **Personalpronomens** der 3. Person Singular und Plural (vgl. 18). Dabei bezeichnet das Pronomen immer eine Person oder Sache, die vorher bereits erwähnt wurde:
Servus nōn venit. Dominus **eum** vocat. Der Sklave kommt nicht. Der Herr ruft **ihn**.
Servī nōn veniunt. Dominus **eōs** vocat. Die Sklaven kommen nicht. Der Herr ruft **sie**.

7.6 Die Genitivformen des Pronomens is, ea, id können auch als Attribut verwendet werden und stehen dann auf die Frage: **Wessen?** In dieser Funktion entspricht is, ea, id dem **Possessivpronomen** der 3. Person Singular und Plural. Es wird gebraucht, wenn sich das Pronomen inhaltlich nicht auf das Subjekt desselben Satzes bezieht (**Nicht-Reflexivität**).

Dominus amīcum invītāvit.	Der Herr hat einen Freund eingeladen.
Amīcus servum **eius** laudat.	Der Freund lobt **dessen/seinen** Sklaven (= den Sklaven des Herrn): nicht reflexiv

Vergleiche:

Dominus servum **suum** laudat.	Der Herr lobt **seinen (eigenen)** Sklaven: reflexiv

21 Das substantivische Interrogativpronomen

Nominativ	quis? quid?	wer? was?
Genitiv	cuius?	wessen?
Dativ	cui?	wem?
Akkusativ	quem? quid?	wen? was?
Ablativ	ā quō? quōcum?	von wem? mit wem?

22 Das Pronomen quī, quae, quod

Das Pronomen quī, quae, quod wird verwendet als adjektivisches Interrogativpronomen (welcher, welche, welches?) und als Relativpronomen (der, die, das).

	Singular			**Plural**		
	m.	**f.**	**n.**	**m.**	**f.**	**n.**
Nominativ	quī	quae	quod	quī	quae	quae
Genitiv	cuius	cuius	cuius	quōrum	quārum	quōrum
Dativ	cui	cui	cui	quibus	quibus	quibus
Akkusativ	quem	quam	quod	quōs	quās	quae
Ablativ	quō	quā	quō	quibus	quibus	quibus

Statt cum quō (cum quā, cum quibus) steht oft: quōcum (quācum, quibuscum).

23 Indefinitpronomina

Indefinitpronomina sind unbestimmte Fürwörter. Sie werden substantivisch oder adjektivisch verwendet.

1. aliquis, aliquid (irgend)einer, jemand; (irgend)etwas – substantivisch

	m./f.	n.
Nominativ	aliquis	aliquid
Genitiv	alicuius	alicuius reī
Dativ	alicui	alicui reī
Akkusativ	aliquem	aliquid
Ablativ	aliquō	aliquā rē

2. aliquī, aliqua, aliquod (irgend)einer, (irgend)eine, (irgend)ein – adjektivisch

	Singular			Plural		
	m.	f.	n.	m.	f.	n.
Nominativ	aliquī	aliqua	aliquod	aliquī	aliquae	aliqua
Genitiv	alicuius	alicuius	alicuius	aliquōrum	aliquārum	aliquōrum
Dativ	alicui	alicui	alicui	aliquibus	aliquibus	aliquibus
Akkusativ	aliquem	aliquam	aliquod	aliquōs	aliquās	aliqua
Ablativ	aliquō	aliquā	aliquō	aliquibus	aliquibus	aliquibus

Nach Wörtern wie sī, nisī, nē, num „fällt das ali- um.“ Das heißt: Nach diesen Wörtern steht die Form des Indefinitpronomens ohne das Präfix ali-:

si quis	wenn jemand	si qui civis	wenn irgendein Bürger
ne quid	damit nichts		

3. quisquam (irgend)einer; jemand – **ūllus** irgendeiner

	m./f.	n.
Nominativ	quisquam	quicquam
Genitiv	cuiusquam	
Dativ	cuiquam	
Akkusativ	quemquam	quicquam
Ablativ	quōquam	

m.	f.	n.
ūllus	ūlla	ūllum
ūllīus		
ūllī		
ūllum	ūllam	ūllum
ūllō	ūllā	ūllō

quisquam und ūllus stehen nur in Sätzen, die eine Verneinung ausdrücken:

Vix quisquam id laudābit.	Kaum irgendjemand wird das loben.
Sine ullā spē sumus.	Wir sind ohne irgendeine Hoffnung.

4. quīdam ein gewisser; Plural: einige, manche

	substantivisch			adjektivisch		
	m.	**f.**	**n.**	**m.**	**f.**	**n.**
Nominativ	quīdam	quaedam	**quiddam**	quīdam	quaedam	**quoddam**
Genitiv	cuiusdam	cuiusdam	cuiusdam	cuiusdam	cuiusdam	cuiusdam
	usw.			usw.		

m wird vor *d* zu *n*: Akk. Sg.: que**n**dam, qua**n**dam
Gen. Pl.: quōru**n**dam, quāru**n**dam

5. quisque jeder Einzelne

	substantivisch		adjektivisch		
	m./f.	**n.**	**m.**	**f.**	**n.**
Nominativ	quisque	quidque	quisque	quaeque	quodque
Genitiv	cuiusque		cuiusque		
Dativ	cuique		cuique		
Akkusativ	quemque	quidque	quemque	quamque	quodque
Ablativ	quōque		quōque	quāque	quōque

quisque lehnt sich an „Stützwörter“ an, z. B. an Reflexivpronomina, Ordnungszahlen und Superlative:

Suum cuique!	Jedem das Seine!
quīntō quōque annō	in jedem fünften Jahr; alle vier Jahre
optimus quisque	jeder Beste; alle/gerade die Guten

6. nēmō niemand – **nihil** nichts – **nūllus, a, um** kein, keine

	substantivisch		adjektivisch		
	m./f.	**n.**	**m.**	**f.**	**n.**
Nominativ	nēmō	nihil (nīl)	nūllus	nūlla	nūllum
Genitiv	nūllīus	nūllīus reī	nūllīus		
Dativ	nēminī	nūllī reī	nūllī		
Akkusativ	nēminem	nihil (nīl)	nūllum	nūllam	nūllum
Ablativ	ā nūllō	nūllā rē	nūllō	nūllā	nūllō

Zahlwörter

24 Grund- und Ordnungszahlen

Zahlzeichen	Grundzahl	Ordnungszahl
1 = I	ūnus, a, um	prīmus, a, um
2 = II	duo, ae, o	secundus, a, um
3 = III	trēs, tria	tertius, a, um
4 = IV	quattuor	quārtus, a, um
5 = V	quīnque	quīntus, a, um
6 = VI	sex	sextus, a, um
7 = VII	septem	septimus, a, um
8 = VIII	octō	octāvus, a, um
9 = IX	novem	nōnus, a, um
10 = X	decem	decimus, a, um
11 = XI	ūndecim	ūndecimus, a, um
12 = XII	duodecim	duodecimus, a, um
13 = XIII	trēdecim	tertius decimus, a, um
14 = XIV	quattuordecim	quartus decimus, a, um
15 = XV	quīndecim	quīntus decimus, a, um
16 = XVI	sēdecim	sextus decimus, a, um
17 = XVII	septendecim	septimus decimus, a, um
18 = XVIII	duodēvīgintī	duodēvīcēsimus, a, um
19 = XIX	ūndēvīgintī	ūndēvīcēsimus, a, um
20 = XX	vīgintī	vīcēsimus, a, um
21 = XXI	vīgintī ūnus oder ūnus et vīgintī	vīcēsimus prīmus
30 = XXX	trīgintā	trīcēsimus, a, um
40 = XL	quadrāgintā	quadrāgēsimus, a, um
50 = L	quīnquāgintā	quīnquāgēsimus, a, um
60 = LX	sexāgintā	sexāgēsimus, a, um
70 = LXX	septuāgintā	septuāgēsimus, a, um
80 = LXXX	octōgintā	octōgēsimus, a, um
90 = XC	nōnāgintā	nōnagēsimus, a, um
100 = C	centum	centēsimus, a, um
200 = CC	ducentī, ae, a	ducentēsimus, a, um
300 = CCC	trecentī, ae, a	trecentēsimus, a, um
400 = CCCC	quadringentī, ae, a	quadringentēsimus, a, um
500 = D	quīngentī, ae, a	quīngentēsimus, a, um
600 = DC	sescentī, ae, a	sescentēsimus, a, um
700 = DCC	septingentī, ae, a	septingentēsimus, a, um
800 = DCCC	octingentī, ae, a	octingentēsimus, a, um
900 = CM	nōngentī, ae, a	nōngentēsimus, a, um
1000 = M	mīlle	mīllēsimus, a, um
2000 = MM	duo mīlia	bis mīllēsimus, a, um

25 Die Deklination von ūnus, duo, trēs, mīlle

Von den Grundzahlen werden nur 1, 2 und 3 sowie die Hunderterzahlen ab 200 (200, 300, 400 usw.) und der Plural von mīlle (1000) dekliniert. Alle übrigen Grundzahlen werden nicht dekliniert.

	m.	f.	n.	m.	f.	n.
Nominativ	ūnus	ūna	ūnum	duo	duae	duo
Genitiv	ūnīus	ūnīus	ūnīus	duōrum	duārum	duōrum
Dativ	ūnī	ūnī	ūnī	duōbus	duābus	duōbus
Akkusativ	ūnum	ūnam	ūnum	duo/duōs	duās	duo
Ablativ	ūnō	ūnā	ūnō	duōbus	duābus	duōbus

	m.	f.	n.	n.
Nominativ	trēs	trēs	tria	mīlia
Genitiv	trium	trium	trium	mīlium
Dativ	tribus	tribus	tribus	mīlibus
Akkusativ	trēs	trēs	tria	mīlia
Ablativ	tribus	tribus	tribus	mīlibus

Wie ūnus bilden folgende **Pronominaladjektive** im Singular den Genitiv auf -īus und den Dativ auf -ī: sōlus – allein, tōtus – ganz, ūllus – (irgend)einer, uter? (Gen.: utrīus?) – wer? welcher?, alter (Gen.: alterīus) – der eine/der andere, neuter – keiner (von beiden) und nūllus – kein (vgl. 23.6). Außerdem noch alius (Gen.: alterīus) – der eine (von mehreren) und uterque (Gen.: utriusque) – jeder (von beiden).

Verben

26 Die Verbalstämme

Man unterscheidet beim lateinischen Verbum den Präsensstamm, den Perfektstamm und den Partizipialstamm.
Vom **Präsensstamm** werden sämtliche Formen des Präsens, des Imperfekts und des Futur I gebildet, ferner die -nd-Formen, das Partizip Präsens und der Infinitiv Präsens.
Vom **Perfektstamm** werden die aktiven Formen des Perfekts, des Plusquamperfekts und des Futur II gebildet.
Vom **Partizipialstamm** werden (mit den Formen des Hilfsverbums esse) die passivischen Formen des Perfekts, des Plusquamperfekts und des Futur II gebildet, ferner das Partizip Perfekt Passiv und das Partizip Futur Aktiv.

27 Die Formen des Präsensstammes im Aktiv

Indikativ Präsens Aktiv

a-Konjugation	e-Konjugation	i-Konjugation	kons. Konjugation	
laudō – ich lobe	moneō	audiō	regō	capiō
laudās – du lobst	monēs	audis	regis	capis
laudat – er, sie es lobt	monet	audit	regit	capit
laudāmus – wir loben	monēmus	audīmus	regimus	capimus
laudātis – ihr lobt	monētis	audītis	regitis	capitis
laudant – sie loben	monent	audiunt	regunt	capiunt

Zur konsonantischen Konjugation gehören die Verben, deren Stamm auf einen Konsonanten endet (regere, reg-ō, reg-ēbam, reg-am), aber auch einige Verben, deren Präsensstamm in einer Reihe von Formen um ein -i erweitert ist (capere, cap-i-ō, cap-i-ēbam, cap-i-am).

Indikativ Imperfekt Aktiv

a-Konjugation	e-Konjugation	i-Konjugation	kons. Konjugation	
laudābam – ich lobte	monēbam	audiēbam	regēbam	capiēbam
laudābās – du lobtest	monēbās	audiēbās	regēbas	capiēbās
laudābat – er, sie es lobte	monēbat	audiēbat	regēbat	capiēbat
laudābāmus – wir lobten	monēbāmus	audiēbāmus	regēbāmus	capiēbāmus
laudābātis – ihr lobtet	monēbātis	audiēbātis	regēbātis	capiēbātis
laudābant – sie lobten	monēbant	audiēbant	regēbant	capiēbant

Futur I Aktiv

a-Konjugation	e-Konjugation	i-Konjugation	kons. Konjugation	
laudābō – ich werde loben	monēbō	audiam	regam	capiam
laudābis – du wirst loben	monēbis	audiēs	regēs	capiēs
laudābit – er, sie, es wird loben	monēbit	audiet	reget	capiet
laudābimus – wir werden loben	monēbimus	audiēmus	regēmus	capiēmus
laudābitis – ihr werdet loben	monēbitis	audiētis	regētis	capiētis
laudābunt – sie werden loben	monēbunt	audient	regent	capient

Konjunktiv Präsens Aktiv

a-Konjugation	e-Konjugation	i-Konjugation	kons. Konjugation	
laudem	moneam	audiam	regam	capiam
laudēs	moneās	audiās	regās	capiās
laudet	moneat	audiat	regat	capiat
laudēmus	moneāmus	audiāmus	regāmus	capiāmus
laudētis	moneātis	audiātis	regātis	capiātis
laudent	moneant	audiant	regant	capiant

Konjunktiv Imperfekt Aktiv

a-Konjugation	e-Konjugation	i-Konjugation	kons. Konjugation	
laudārem	monērem	audīrem	regerem	caperem
laudārēs	monērēs	audīrēs	regerēs	caperēs
laudāret	monēret	audīret	regeret	caperet
laudārēmus	monērēmus	audīrēmus	regerēmus	caperēmus
laudārētis	monērētis	audīrētis	regerētis	caperētis
laudārent	monērent	audīrent	regerent	caperent

Imperativ

Imp. I	laudā! – lobe!	monē!	audī!	rege!	cape!
	laudāte! – lobt!	monēte!	audīte!	regite!	capite
Imp. II	laudātō! – du sollst loben! er soll loben!	monētō!	audītō!	regitō!	capitō!
	laudātōte! – ihr sollt loben!	monētōte!	audītōte!	regitōte!	capitōte!
	laudantō! – sie sollen loben!	monentō!	audiuntō!	reguntō!	capiuntō!

28 Die Formen des Präsensstammes im Passiv

Indikativ Präsens Passiv

a-Konjugation	e-Konjugation	i-Konjugation	kons. Konjugation	
laudōr – ich werde gelobt	moneor	audior	regor	capior
laudāris – du wirst gelobt	monēris	audīris	regeris	caperis
laudātur – er, sie, es wird gelobt	monētur	audītur	regitur	capitur
laudāmur – wir werden gelobt	monēmur	audīmur	regimur	capimur
laudāminī – ihr werdet gelobt	monēminī	audīminī	regiminī	capiminī
laudantur – sie werden gelobt	monentur	audiuntur	reguntur	capiuntur

Indikativ Imperfekt Passiv

a-Konjugation	e-Konjugation	i-Konjugation	kons. Konjugation	
laudābar – ich wurde gelobt	monēbar	audiēbar	regēbar	capiēbar
laudābāris – du wurdest gelobt	monēbāris	audiēbāris	regēbāris	capiēbāris
laudābātur – er, sie, es wurde gelobt	monēbātur	audiēbātur	regēbātur	capiēbātur
laudābāmur – wir wurden gelobt	monēbāmur	audiēbāmur	regēbāmur	capiēbāmur
laudābāminī – ihr wurdet gelobt	monēbāminī	audiēbāminī	regēbāminī	capiēbāminī
laudābantur – sie wurden gelobt	monēbantur	audiēbantur	regēbantur	capiēbantur

Futur I Passiv

a-Konjugation	e-Konjugation	i-Konjugation	kons. Konjugation	
laudābor – ich werde gelobt werden	monēbor	audiar	regar	capiar
laudāberis – du wirst gelobt werden	monēberis	audiēris	regēris	capiēris
laudābitur – er, sie, es wird gelobt werden	monēbitur	audiētur	regētur	capiētur
laudābimur – wir werden gelobt werden	monēbimur	audiēmur	regēmur	capiēmur
laudābiminī – ihr werdet gelobt werden	monēbiminī	audiēminī	regēminī	capiēminī
laudābuntur – sie werden gelobt werden	monēbuntur	audientur	regentur	capientur

Konjunktiv Präsens Passiv

a-Konjugation	e-Konjugation	i-Konjugation	kons. Konjugation	
lauder	monear	audiar	regar	capiar
laudēris	moneāris	audiāris	regāris	capiāris
laudētur	moneātur	audiātur	regātur	capiātur
laudēmur	moneāmur	audiāmur	regāmur	capiāmur
laudēminī	moneāminī	audiāminī	regāminī	capiāminī
laudentur	moneantur	audiantur	regantur	capiantur

Konjunktiv Imperfekt Passiv

a-Konjugation	e-Konjugation	i-Konjugation	kons. Konjugation	
laudārer	monērer	audīrer	regerer	caperer
laudārēris	monērēris	audīrēris	regerēris	caperēris
laudārētur	monērētur	audīrētur	regerētur	caperētur
laudārēmur	monērēmur	audīrēmur	regerēmur	caperēmur
laudārēminī	monērēminī	audīrēminī	regerēminī	caperēminī
laudārentur	monērentur	audīrentur	regerentur	caperentur

29 Die Formen des Perfektstammes im Aktiv

Indikativ Perfekt Aktiv

a-Konjugation	e-Konjugation	i-Konjugation	kons. Konjugation
laudāvī – ich habe gelobt/lobte	monuī	audīvī	rēxī
laudāvistī – du hast gelobt/lobtest	monuistī	audīvistī	rēxistī
laudāvit – er, sie, es hat gelobt/lobte	monuit	audīvit	rēxit
laudāvimus – wir haben gelobt/lobten	monuimus	audīvimus	rēximus
laudāvistis – ihr habt gelobt/lobtet	monuistis	audīvistis	rēxistis
laudāvērunt – sie haben gelobt/lobten	monuērunt	audīvērunt	rēxērunt

Indikativ Plusquamperfekt Aktiv

a-Konjugation	e-Konjugation	i-Konjugation	kons. Konjugation
laudāveram – ich hatte gelobt	monueram	audīveram	rēxeram
laudāverās – du hattest gelobt	monuerās	audīverās	rēxerās
laudāverat – er, sie, es hatte gelobt	monuerat	audīverat	rēxerat
laudāverāmus – wir hatten gelobt	monuerāmus	audīverāmus	rēxerāmus
laudāverātis – ihr hattet gelobt	monuerātis	audīverātis	rēxerātis
laudāverant – sie hatten gelobt	monuerant	audīverant	rēxerant

Futur II Aktiv

a-Konjugation	e-Konjugation	i-Konjugation	kons. Konjugation
laudāverō	monuerō	audīverō	rēxerō
laudāveris	monueris	audīveris	rēxeris
laudāverit	monuerit	audīverit	rēxerit
laudāverimus	monuerimus	audīverimus	rēxerimus
laudāveritis	monueritis	audīveritis	rēxeritis
laudāverint	monuerint	audīverint	rēxerint

Konjunktiv Perfekt Aktiv

a-Konjugation	e-Konjugation	i-Konjugation	kons. Konjugation
laudāverim	monuerim	audīverim	rēxerim
laudāveris	monueris	audīveris	rēxeris
laudāverit	monuerit	audīverit	rēxerit
laudāverimus	monuerimus	audīverimus	rēxerimus
laudāveritis	monueritis	audīveritis	rēxeritis
laudāverint	monuerint	audīverint	rēxerint

Konjunktiv Plusquamperfekt Aktiv

a-Konjugation	e-Konjugation	i-Konjugation	kons. Konjugation
laudāvissem	monuissem	audīvissem	rēxissem
laudāvissēs	monuissēs	audīvissēs	rēxissēs
laudāvisset	monuisset	audīvisset	rēxisset
laudāvissēmus	monuissēmus	audīvissēmus	rēxissēmus
laudāvissētis	monuissētis	audīvissētis	rēxissētis
laudāvissent	monuissent	audīvissent	rēxissent

30 Die Formen des Partizipialstammes

Indikativ Perfekt Passiv

a-Konjugation	e-Konjugation	i-Konjugation	kons. Konjugation
laudātus, a, um sum – ich bin gelobt worden/ wurde gelobt	monitus, a, um sum	audītus, a, um sum	rēctus, a, um sum
laudātus, a, um es – du bist gelobt worden/ wurdest gelobt	monitus, a, um es	audītus, a, um es	rēctus, a, um es
laudātus, a, um est – er, sie, es ist gelobt worden/ wurde gelobt	monitus, a, um est	audītus, a, um est	rēctus, a, um est
laudātī, ae, a sumus – wir sind gelobt worden/ wurden gelobt	monitī, ae, a sumus	audītī, ae, a sumus	rēctī, ae, a sumus
laudātī, ae, a estis – ihr seid gelobt worden/ wurdet gelobt	monitī, ae, a estis	audītī, ae, a estis	rēctī, ae, a estis
laudātī, ae, a sunt – sie sind gelobt worden/ wurden gelobt	monitī, ae, a sunt	audītī, ae, a sunt	rēctī, ae, a sunt

Indikativ Plusquamperfekt Passiv

a-Konjugation	e-Konjugation	i-Konjugation	kons. Konjugation
laudātus, a, um eram – ich war gelobt worden	monitus, a, um eram	audītus, a, um eram	rēctus, a, um eram
laudātus, a, um erās – du warst gelobt worden	monitus, a, um erās	audītus, a, um erās	rēctus, a, um erās
laudātus, a, um erat – er, sie, es war gelobt worden	monitus, a, um erat	audītus, a, um erat	rēctus, a, um erat
laudātī, ae, a erāmus – wir waren gelobt worden	monitī, ae, a erāmus	audītī, ae, a erāmus	rēctī, ae, a erāmus
laudātī, ae, a erātis – ihr wart gelobt worden	monitī, ae, a erātis	audītī, ae, a erātis	rēctī, ae, a erātis
laudātī, ae, a erant – sie waren gelobt worden	monitī, ae, a erant	audītī, ae, a erant	rēctī, ae, a erant

Futur II Passiv

a-Konjugation	e-Konjugation	i-Konjugation	kons. Konjugation
laudātus, a, um erō	monitus, a, um erō	audītus, a, um erō	rēctus, a, um erō
laudātus, a, um eris	monitus, a, um eris	audītus, a, um eris	rēctus, a, um eris
laudātus, a, um erit	monitus, a, um erit	audītus, a, um erit	rēctus, a, um erit
laudātī, ae, a erimus	monitī, ae, a erimus	audītī, ae, a erimus	rēctī, ae, a erimus
laudātī, ae, a eritis	monitī, ae, a eritis	audītī, ae, a eritis	rēctī, ae, a eritis
laudātī, ae, a erunt	monitī, ae, a erunt	audītī, ae, a erunt	rēctī, ae, a erunt

Konjunktiv Perfekt Passiv

a-Konjugation	e-Konjugation	i-Konjugation	kons. Konjugation
laudātus, a, um sim	monitus, a, um sim	audītus, a, um sim	rēctus, a, um sim
laudātus, a, um sīs	monitus, a, um sīs	audītus, a, um sīs	rēctus, a, um sīs
laudātus, a, um sit	monitus, a, um sit	audītus, a, um sit	rēctus, a, um sit
laudātī, ae, a sīmus	monitī, ae, a sīmus	audītī, ae, a sīmus	rēctī, ae, a sīmus
laudātī, ae, a sītis	monitī, ae, a sītis	audītī, ae, a sītis	rēctī, ae, a sītis
laudātī, ae, a sint	monitī, ae, a sint	audītī, ae, a sint	rēctī, ae, a sint

Konjunktiv Plusquamperfekt Passiv

a-Konjugation	e-Konjugation	i-Konjugation	kons. Konjugation
laudātus, a, um essem	monitus, a, um essem	audītus, a, um essem	rēctus, a, um essem
laudātus, a, um essēs	monitus, a, um essēs	audītus, a, um essēs	rēctus, a, um essēs
laudātus, a, um esset	monitus, a, um esset	audītus, a, um esset	rēctus, a, um esset
laudātī, ae, a essēmus	monitī, ae, a essēmus	audītī, ae, a essēmus	rēctī, ae, a essēmus
laudātī, ae, a essētis	monitī, ae, a essētis	audītī, ae, a essētis	rēctī, ae, a essētis
laudātī, ae, a essent	monitī, ae, a essent	audītī, ae, a essent	rēctī, ae, a essent

31 Die Nominalformen

Infinitiv

Präsens Aktiv	laudāre	monēre	audīre	regere	capere
Präsens Passiv	laudārī	monerī	audīrī	regī	capī
Perfekt Aktiv	laudāvisse	monuisse	audīvisse	rēxisse	cēpisse
Perfekt Passiv	laudātum, am, um esse	monitum, am, um esse	audītum, am, um esse	rēctum, am, um esse	captum, am, um esse
Futur Aktiv	laudātūrum, am, um esse	monitūrum, am, um esse	audītūrum, am, um esse	rēctūrum, am, um esse	captūrum, am, um esse

Partizip

Präsens Aktiv	laudāns laudantis	monēns monentis	audiēns audientis	regēns regentis	capiēns capientis
Perfekt Passiv	laudātus, a, um	monitus, a, um	audītus, a, um	rēctus, a, um	captus, a, um
Futur Aktiv	laudātūrus, a, um	monitūrus, a, um	audītūrus, a, um	rēctūrus, a, um	captūrus, a, um

nd-Formen

Gerundium	laudandī	monendī	audiendī	regendī	capiendī
Gerundivum	laudandus, a, um	monendus, a, um	audiendus, a, um	regendus, a, um	capiendus, a, um

Das Partizip Präsens Aktiv wird wie die einendigen Adjektive der dritten Deklination dekliniert (vgl. 11). Der Ausgang im Ablativ Singular lautet bei den Partizipien allerdings: **-e**.
Das Partizip Perfekt Passiv, das Partizip Futur Aktiv und das Gerundivum werden wie die Adjektive der a- und o-Deklination dekliniert (vgl. 9).

32 Deponentien

1. Deponentien sind Verben, die nur passive Formen bilden, aber aktiv übersetzt werden. Sie haben ihre passive Bedeutung sozusagen „abgelegt" (von dēpōnere = ablegen).
Die Konjugation der Deponentien ist identisch mit den bekannten Passivformen.

2. Der Imperativ der Deponentien

	a-Konjugation	**e-Konjugation**	**i-Konjugation**	**konsonantische Konjugation**	
	hortārī – mahnen	verērī – fürchten	potīrī – erlangen	loquī – sprechen	patī – erleiden
Singular	hortāre! – mahne!	verēre!	potīre!	loquere!	patere!
Plural	hortāminī! – mahnt!	verēminī!	potīminī!	loquiminī!	patiminī!

3. Die Nominalformen der Deponentien

Infinitiv

	a-Konjugation	**e-Konjugation**	**i-Konjugation**	**konsonantische Konjugation**	
Präsens	hortārī	verērī	potīrī	loquī	patī
Perfekt	hortātum, am, um esse	veritum, am, um esse	potītum, am, um esse	locūtum, am, um esse	passum, am, um esse
Futur	hortātūrum, am, um esse	veritūrum, am, um esse	potītūrum, am, um esse	locūtūrum, am, um esse	passūrūm, am, um esse

Partizip

Präsens	hortāns, hortantis	verēns, verentis	potiēns, potientis	loquēns, loquentis	patiēns, patientis
Perfekt	hortātus, a, um	veritus, a, um	potītus, a, um	locūtus, a, um	passus, a, um
Futur	hortātūrus, a, um	veritūrus, a, um	potītūrus, a, um	locūtūrus, a, um	passūrus, a, um

nd-Formen

Gerundium	hortandī	verendī	potiendī	loquendī	patiendī
Gerundivum	hortandus, a, um	verendus, a, um	potiendus, a, um	loquendus, a, um	patiendus, a, um

4. Semideponentien
Semideponentien sind Verben, die in einem Tempusstamm passivische Formen bilden, im anderen Tempusstamm aber aktivische Formen haben. Die wichtigsten Semideponentien sind:

audēre – wagen	audeō – ich wage	ausus sum – ich habe gewagt
gaudēre – sich freuen	gaudeō – ich freue mich	gāvīsus sum – ich habe mich gefreut
solēre – gewohnt sein	soleō – ich bin gewohnt	solitus sum – ich bin gewohnt gewesen
cōnfīdere – vertrauen	cōnfīdō – ich vertraue	cōnfīsus sum – ich habe vertraut
revertī – zurückkehren	revertor – ich kehre zurück	revertī – ich bin zurückgekehrt

Verben mit besonderer Konjugation im Präsensstamm

33 esse – sein

Präsensstamm

Präsens			
Indikativ	Konjunktiv	Imperativ I	Imperativ II
sum	sim		
es	sīs	es!	estō!
est	sit		estō!
sumus	sīmus		
estis	sītis	este!	estōte!
sunt	sint		suntō!

Imperfekt	
Indikativ	Konjunktiv
eram	essem
erās	essēs
erat	esset
erāmus	essēmus
erātis	essētis
erant	essent

Futur I
erō
eris
erit
erimus
eritis
erunt

Perfektstamm

Perfekt	
Indikativ	Konjunktiv
fuī	fuerim
fuistī	fueris
fuit	fuerit
fuimus	fuerimus
fuistis	fueritis
fuērunt	fuerint

Plusquamperfekt	
Indikativ	Konjunktiv
fueram	fuissem
fuerās	fuissēs
fuerat	fuisset
fuerāmus	fuissēmus
fuerātis	fuissētis
fuerant	fuissent

Futur II
fuerō
fueris
fuerit
fuerimus
fueritis
fuerint

Infinitive

Präsens Aktiv	esse
Perfekt Aktiv	fuisse
Futur Aktiv	futūrum, am, um esse (fore)/futūrōs, ās, a esse (fore)

34 posse – können

posse ist entstanden aus der Verbindung der Wurzel *pot- („mächtig, fähig") mit dem Verbum esse. Vor Vokalen zeigt sich die alte Wurzel pot- (z. B. pot-es). Beginnt die Form von esse mit s-, verändert sich die Wurzel zu pos- (z. B. pos-sum):

Präsensstamm

Präsens	
Indikativ	**Konjunktiv**
possum	possim
potes	possīs
potest	possit
possumus	possīmus
potestis	possītis
possunt	possint

Imperfekt	
Indikativ	**Konjunktiv**
poteram	possem
poterās	possēs
poterat	posset
poterāmus	possēmus
poterātis	possētis
poterant	possent

Futur I
poterō
poteris
poterit
poterimus
poteritis
poterunt

Perfektstamm

Indikativ Perfekt	potuī, potuistī, potuit, ...
Konjunktiv Perfekt	potuerim, potueris, potuerit, ...
Indikativ Plusquamperfekt	potueram, potuerās, potuerat ...
Konjunktiv Plusquamperfekt	potuissem, potuissēs, potuisset ...
Futur II	potuerō, potueris, potuerit ...
Infinitiv Perfekt	potuisse

35 īre – gehen

Präsensstamm

Präsens			
Indikativ	**Konjunktiv**	**Imperativ I**	**Imperativ II**
eō	eam		
īs	eās	ī!	ītō!
it	eat		ītō!
īmus	eāmus		
ītis	eātis	īte!	ītōte!
eunt	eant		euntō!

Imperfekt	
Indikativ	**Konjunktiv**
ībam	īrem
ībās	īrēs
ībat	īret
ībāmus	īrēmus
ībātis	īrētis
ībant	īrent

Futur I
ībō
ībis
ībit
ībimus
ībitis
ībunt

Perfektstamm

Perfekt		Plusquamperfekt		
Indikativ	**Konjunktiv**	**Indikativ**	**Konjunktiv**	**Futur II**
iī	ierim	ieram	īssem	ierō
īstī	ieris	ierās	īssēs	ieris
iit	ierit	ierat	īsset	ierit
iimus	ierimus	ierāmus	īssēmus	ierimus
īstis	ieritis	ierātis	īssētis	ieritis
iērunt	ierint	ierant	īssent	ierint

Nominalformen

	Infinitiv	Partizip	nd-Formen
Präsens	īre	iēns, euntis	Gerundium: eundī Gerundivum: eundus, a, um
Perfekt	īsse		
Futur	itūrum, am, um itūrōs, ās, a esse	itūrus, a, um	

Der Präsensstamm von īre lautet ursprünglich ei-, das vor einem Konsonant oder einem hellen Vokal (e, i) zu ī-, vor einem dunklen Vokal (a, o, u) aber zu e- geworden ist (vgl: iēns, euntis). Der Perfektstamm von īre wird ohne -v- gebildet. iī- verschmilzt vor -s zu ī- (z. B.: īstī).

36 velle, nōlle, mālle – wollen, nicht wollen, lieber wollen

Präsensstamm

Präsens			Präsens		
Indikativ			**Konjunktiv**		
volō	nōlō	mālō	velim	nōlim	mālim
vīs	nōn vīs	māvīs	velīs	nōlīs	mālīs
vult	nōn vult	māvult	velit	nōlit	mālit
volumus	nōlumus	mālumus	velimus	nōlimus	mālimus
vultis	nōn vultis	māvultis	velitis	nōlitis	mālitis
volunt	nōlunt	mālunt	velint	nōlint	mālint

Imperfekt		
Indikativ		
volēbam	nōlēbam	mālēbam
volēbās	nōlēbās	mālēbās
volēbat	nōlēbat	mālēbat
volēbāmus	nōlēbāmus	mālēbāmus
volēbātis	nōlēbātis	mālēbātis
volēbant	nōlēbant	mālēbant

Imperfekt		
Konjunktiv		
vellem	nōllem	māllem
vellēs	nōllēs	māllēs
vellet	nōllet	māllet
vellēmus	nōllēmus	māllēmus
vellētis	nōllētis	māllētis
vellent	nōllent	māllent

Futur I		
volam	nōlam	mālam
volēs	nōlēs	mālēs
volet	nōlet	mālet
volēmus	nōlēmus	mālēmus
volētis	nōlētis	mālētis
volent	nōlent	mālent

Partizip Präsens Aktiv (PPA)	
volēns, volentis	nōlēns, nōlentis

Imperativ		
–	nōlī!	–
–	nōlīte!	–

Zum verneinten Imperativ mit nōlī/nōlīte (Prohibitiv) vgl. **61.2.3**.

Perfektstamm

Perfekt	Plusquamperfekt	Futur II
voluī	volueram	voluerō
voluistī	voluerās	volueris
voluit	voluerat	voluerit
voluimus	voluerāmus	voluerimus
voluistis	voluerātis	volueritis
voluērunt	voluerant	voluerint

Die Verben nōlle und mālle werden im Perfektstamm wie velle gebildet.

37 ferre – tragen, bringen

Präsensstamm

Aktiv

Präsens		Imperfekt		Futur I
Indikativ	Konjunktiv	Indikativ	Konjunktiv	Indikativ
ferō	feram	ferēbam	ferrem	feram
fers	ferās	ferēbās	ferrēs	ferēs
fert	ferat	ferēbat	ferret	feret
ferimus	ferāmus	ferēbāmus	ferrēmus	ferēmus
fertis	ferātis	ferēbātis	ferrētis	ferētis
ferunt	ferant	ferēbant	ferrent	ferent

Passiv

Präsens		Imperfekt		Futur I
Indikativ	Konjunktiv	Indikativ	Konjunktiv	Indikativ
feror	ferar	ferēbar	ferrer	ferar
ferris	ferāris	ferēbāris	ferrēris	ferēris
fertur	ferātur	ferēbātur	ferrētur	ferētur
ferimur	ferāmur	ferēbāmur	ferrēmur	ferēmur
feriminī	ferāminī	ferēbāminī	ferrēminī	ferēminī
feruntur	ferantur	ferēbantur	ferrentur	ferentur

Perfektstamm

Aktiv

Perfekt		Plusquamperfekt		Futur II
Indikativ	**Konjunktiv**	**Indikativ**	**Konjunktiv**	**Indikativ**
tulī	tulerim	tuleram	tulissem	tulerō
tulistī	tuleris	tulerās	tulissēs	tuleris
tulit	tulerit	tulerat	tulisset	tulerit
tulimus	tulerimus	tulerāmus	tulissēmus	tulerimus
tulistis	tuleritis	tulerātis	tulissētis	tuleritis
tulērunt	tulerint	tulerant	tulissent	tulerint

Passiv

Perfekt		Plusquamperfekt		Futur II
Indikativ	**Konjunktiv**	**Indikativ**	**Konjunktiv**	**Indikativ**
lātus sum	lātus sim	lātus eram	lātus essem	lātus erō
lātus es	lātus sīs	lātus erās	lātus essēs	lātus eris
lātus est	lātus sit	lātus erat	lātus esset	lātus erit
lātī sumus	lātī sīmus	lātī erāmus	lātī essēmus	lātī erimus
lātī estis	lātī sītis	lātī erātis	lātī essētis	lātī eritis
lātī sunt	lātī sint	lātī erant	lātī essent	lātī erunt

Nominalformen

	Infinitiv	Partizip	nd-Formen
Präsens	ferre	ferēns, ferentis	Gerundium: ferendī Gerundivum: ferendus, a, um
Perfekt	tulisse	lātus, a, um	
Futur	lātūrum, am, um esse lātūrōs, ās, a esse	lātūrus, a, um	

38 fierī – (gemacht) werden, geschehen

	Indikativ	Konjunktiv
Präsens	fīō, fīs, fit, fīmus, fītis, fīunt	fīam, fīās, fīat, fīamus, fīatis, fīant
Imperfekt	fīēbam, fīēbās, fīēbat, fīēbāmus, fīēbātis, fīēbant	fierem, fierēs, fieret, fierēmus, fierētis, fierent
Futur I	fīam, fīēs, fīet, fīēmus, fīētis, fīent	

fierī bildet die meisten Formen wie die Verben der konsonantischen Konjugation mit i-Erweiterung (vgl. 27: capiō). fierī heißt: „werden, geschehen“. Im Präsensstamm vertritt es auch das Passiv von facere und hat dann die Bedeutung „gemacht werden“.

Satzglieder und Satzgliedteile

39 Notwendige Satzglieder und freie Angaben

1. Ein grammatisch korrekter Satz muss immer ein **Prädikat** (Satzaussage) und ein **Subjekt** (Satzgegenstand) enthalten (vgl. 2).
   Nach dem Prädikat fragt man: Was wird ausgesagt?
   Nach dem Subjekt fragt man: Wer oder Was?
   Zwischen dem Prädikat und dem Subjekt besteht Kongruenz in Person und Numerus:
   Amīcus venit. – Amīcī veniunt.
   Bei den zusammengesetzten Prädikaten (vgl. 40.1) stimmt das Prädikatsnomen mit dem Subjekt immer im Kasus überein, meist auch im Numerus und im Genus:
   Dāvus servus est. – Dāvus et Eutychus servī sunt. Servī bonī sunt.
   Da beim lateinischen Verb die handelnde Person in der Endung enthalten ist, kann ein Satz gelegentlich nur aus dem Prädikat bestehen:

Vēnī, vīdī, vīcī.	Ich kam, ich sah und ich siegte.
Licet.	Es ist erlaubt.

2. Oft enthält ein Satz noch weitere, vom Prädikat geforderte Ergänzungen in den verschiedenen Kasus.
   Die einzelnen Möglichkeiten sind ab 41 bei den jeweiligen Kasusfunktionen aufgeführt.

3. Freie Angaben sind das Satzglied Adverbiale sowie die Satzgliedteile Attribut und Prädikativum (vgl. 2). Sie sind nicht notwendig, um einen syntaktisch vollständigen Satz zu bilden, sie enthalten aber nähere Bestimmungen zu einem Nomen oder zur Satzaussage.

   3.1 Das **Adverbiale** erläutert die Satzaussage näher. Da die Art der Erläuterung sehr vielfältig sein kann, sind auch entsprechend viele Fragen nach den einzelnen Adverbialia möglich (vgl. Kasusfunktionen, 43–45).

   3.2 Das **Attribut** erläutert ein Nomen näher.
   Nach dem Attribut fragt man: Was für ein? Welche(r)?
   Das adjektivische Attribut (Adjektiv, Pronomen, Numerale, Partizip, Gerundivum) steht in KNG-Kongruenz zu seinem Bezugswort (vgl. 2):

Amīcus certus in rē incertā cernitur.	Einen sicheren Freund erkennt man in unsicherer Lage.
Vērī amīcī sunt rārī.	Wahre Freunde sind selten.

   Das substantivische Attribut als Beifügung zu einem anderen Substantiv im selben Kasus nennt man **Apposition**:

Dāvus servus venit.	Der Sklave Davus kommt.
Dāvus, servus Quīntī, venit.	Davus, der Sklave des Quintus, kommt.

3.3 Das **Prädikativum** nimmt als Satzglied eine Zwischenposition ein: Formal steht es wie ein Attribut in KNG-Kongruenz zu einem Bezugswort, inhaltlich erläutert es wie ein Adverbiale die Satzaussage.
Nach dem Prädikativum kann man fragen: Als wer oder was? Wie?

Cicerō cōnsul rem pūblicam Rōmānam servāvit.	Cicero rettete als Konsul den römischen Staat.
Mīlitēs incolumēs in castra rediērunt.	Die Soldaten kehrten unverletzt ins Lager zurück.

40 Die Füllungsarten der Satzglieder und Satzgliedteile

1. Prädikat kann sein ein:

einfaches Verb (Vollverb)	Quīntus venit. – Quintus kommt.
zusammengesetztes Verb aus einem Prädikatsnomen mit den Formen von esse	[1] Quīntus puer est. – Quintus ist ein Junge. [2] Quīntus bonus est. – Quintus ist tüchtig. [3] Vīvere est discere. – Leben heißt lernen. [4] Tōtā vītā discendum est. – Man muss zeit seines ganzen Lebens lernen. [5] Quīntus bonō animō est. – Quintus ist guten Mutes.

Das Prädikatsnomen mit den Formen von esse kann gebildet werden mit [1] einem Substantiv, [2] einem Adjektiv, [3] einem Infinitiv, [4] einem Gerundivum, [5] einem Ablativ (qualitatis), Genitiv (qualitatis, possessoris, pretii) oder Dativ (finalis, possessoris), vgl. 41–45.
An Stelle der Formen von esse können gelegentlich auch andere Verben stehen, z. B. fierī: Nēmō casū fit bonus. – Niemand wird nur aus Zufall gut.

2. Subjekt kann sein ein:

Substantiv	Quīntus venit. – Quintus kommt.
Adjektiv	Multī ad forum properant. – Viele eilen zum Marktplatz.
Pronomen	Illī ad forum properant. – Jene eilen zum Marktplatz.
Numerale	Quīnque adsunt. – Fünf sind da.
Infinitiv	Errāre hūmānum est. – Irren ist menschlich.
AcI	Rōmulum Remum frātrem occīdisse cōnstat. – Es ist bekannt, dass Romulus seinen Bruder Remus getötet hat.
NcI	Rōmulus Remum frātrem occīdisse trāditur. – Es wird überliefert, dass Romulus seinen Bruder Remus getötet hat.
Gliedsatz	Quis Remum occīderit, nōtum est. – Es ist bekannt, wer Remus getötet hat.

3. **Objekt** kann sein ein:

Nomen (Substantiv, Adjektiv, Pronomen, Numerale) 1 **im Akkusativ,** 2 **im Dativ,** 3 **im Genitiv,** 4 **im Ablativ**	 1 Quīntus amīcōs exspectat. – Quintus erwartet seine Freunde. 2 Quīntus amīcīs aquam apportat. – Quintus bringt seinen Freunden Wasser. 3 Beneficiōrum meminī. – Ich erinnere mich an die Wohltaten. 4 Hīs exemplīs ūtāmur! – Lasst uns diese Beispiele verwenden!
Präpositional-ausdruck	Līvius scrīptor dē Rōmulō et Remō nārrat. – Der Schriftsteller Livius erzählt von Romulus und Remus.
Infinitiv	Quīntus et amīcī in hortō lūdere volunt. – Quintus und seine Freunde wollen im Garten spielen. Omnēs hominēs beātī fierī volunt. – Alle Menschen wollen glücklich werden.
AcI	Quīntus amīcōs vēnisse videt. – Quintus sieht, dass seine Freunde gekommen sind.
Gliedsatz	Nesciō, quid amīcī agant. Timeō, nē sērō veniant. – Ich weiß nicht, was meine Freunde treiben. Ich fürchte, dass sie zu spät kommen.

4. **Adverbiale** kann sein ein:

Adverb	Germānī legiōnēs Rōmānās ācriter oppressērunt. – Die Germanen griffen die römischen Legionen stürmisch an.
Nomen (Substantiv, Adjektiv) 1 **im Akkusativ,** 2 **im Dativ,** 3 **im Genitiv,** 4 **im Ablativ**	 1 Trōiānī urbem decem annōs dēfendērunt. – Die Trojaner verteidigten ihre Stadt zehn Jahre lang. 2 Hic liber mihi legendus est. – Dies Buch muss ich lesen. 3 Villam meam nōn plūris quam cēterīs vendō. – Ich verkaufe mein Landhaus nicht für mehr Geld als die anderen. 4 Māter līberōs fābulā dēlectat. – Die Mutter erfreut ihre Kinder mit einer Geschichte. Hās mercēs māgnō ēmī. – Diese Waren habe ich für viel Geld gekauft.
Präpositional-ausdruck	Quīntus cum amīcīs per forum properat. – Quintus eilt mit seinen Freunden über den Marktplatz.

Partizip (als participium coniunctum)	Augustus īrā incēnsus Ovidium poētam Rōmam relinquere iūssit. – Weil Augustus erzürnt war, befahl er dem Dichter Ovid, Rom zu verlassen.
Ablativus absolutus	Caesar Gallīs subiectīs Rōmam contendit. – Nachdem die Gallier unterworfen worden waren, eilte Cäsar nach Rom.
Gliedsatz	Caesar in Galliam contendit, nē Helvētiī iter per prōvinciam facerent. Helvētiī legātōs misērunt, quī pācem peterent. – Cäsar eilte nach Gallien, damit die Helvetier nicht durch die römische Provinz zogen. Die Helvetier schickten Gesandte, die um Frieden bitten sollten.
Gerundium oder Gerundivum mit Bezugswort im Ablativ	Dōcendō discimus. – Wir lernen durch Lehren. Librīs legendīs dēlectāmur. – Wir werden durch das Lesen von Büchern erfreut.

5. **Attribut** kann sein ein:

Adjektiv oder Pronomen in KNG-Kongruenz	Monumenta clāra in forō sunt. – Auf dem Forum stehen berühmte Denkmäler. Amīcī haec monumenta spectant. – Die Freunde betrachten diese Denkmäler. In hōc templō simulācra trium deōrum sunt. – In diesem Tempel befinden sich die Standbilder dreier Götter.
Substantiv im selben Fall (Apposition)	Hīc est templum Iovis, summī deī. – Hier befindet sich der Tempel Jupiters, des höchsten Gottes.
Substantiv im Genitiv	Quīntus amīcīs monumenta forī explicat. – Quintus erklärt seinen Freunden die Denkmäler auf dem Forum. Hominēs omnis aetātis monumenta spectant. – Menschen jeder Altersstufe betrachten die Denkmäler.
Substantiv im Ablativ	Rōmānī Marium, imperātōrem summā virtūte, cōnsulem creāvērunt. – Die Römer wählten Marius, einen Feldherrn von höchster Tapferkeit, zum Konsul.
Relativsatz	Cōpiae Cimbrōrum, quōs cīvēs valdē timēbant, exercitum Rōmānum dēvīcērunt. – Die Truppen der Kimbern, welche die Bürger sehr fürchteten, vernichteten ein römisches Heer.

Partizip (als participium coniunctum)	Rōmānī mōrēs ā māiōribus trāditōs colēbant. – Die Römer hielten die Sitten, die von Vorfahren überliefert worden waren, in Ehren.
Gerundium oder Gerundivum mit Bezugswort im Genitiv	ars scrībendī – die Kunst des Schreibens cōnsilium Italiae relinquendae – der Plan, Italien zu verlassen

Kasusfunktionen

41 Nominativ

gibt an: • die handelnde Person, den Gegenstand oder Sachverhalt, über den eine Aussage gemacht wird

	semantische Funktion (Inhalt und Bedeutung)	syntaktische Funktion (Satzglied)	Beispiele
1	Angabe der handelnden Person oder der Sache, über die eine Aussage gemacht wird	Subjekt	Pater venit. – Der Vater kommt. Tempus fugit. – Die Zeit läuft davon.
2	Konkretisierung einer Satzaussage oder Angabe einer Eigenschaft	Prädikats-nomen	Dāvus servus est. – Davus ist ein Sklave. Dāvus bonus est. – Davus ist tüchtig. Marius cōnsul creātus est. – Marius ist zum Konsul gewählt worden. (doppelter Nominativ)

42 Genitiv

gibt an:
- die Zugehörigkeit einer Person oder Sache zu einer anderen
- den Bereich, in den eine Verbalhandlung fällt

	semantische Funktion (Inhalt und Bedeutung)	syntaktische Funktion (Satzglied)	Beispiele
1	Angabe der Person oder Sache, welche die Tätigkeit ausführt oder Empfindung ausdrückt **(genitivus subiectivus)**	Attribut	amor parentum – die Liebe der Eltern (= die Eltern lieben) imperium populī Rōmānī – die Herrschaft des römischen Volkes (= das römische Volk übt Herrschaft aus)
2	Angabe der Person oder Sache, die von der Tätigkeit oder Empfindung betroffen ist **(genitivus obiectivus)** 1 bei Substantiven 2 bei Adjektiven in der Bedeutung: „begierig, kundig, eingedenk, teilhaftig, mächtig, voll" (und deren Gegenteil) 3 beim Partizip Präsens einiger Verben	Attribut	1 amor parentum – die Liebe zu den Eltern (= man liebt seine Eltern) spēs salūtis – die Hoffnung auf Rettung (= man erhofft sich Rettung) 2 cupidus pecūniae – geldgierig (= man ist gierig nach Geld) memor māiōrum – In Erinnerung an die Vorfahren (= man erinnert sich an die Vorfahren) 3 patiēns frīgoris – abgehärtet gegen Kälte (= man kann Kälte ertragen) fugiēns labōrum – arbeitsscheu (= man flieht vor den Arbeiten)
3	Angabe der Menge oder des Ganzen, von dem das übergeordnete Nomen einen Teil angibt **(genitivus partitivus** oder **totius)** 1 bei Substantiven, die Maß oder Menge angeben 2 bei Quantitätsadjektiven oder -adverbien 3 bei Pronomina und Zahlwörtern 4 bei Komparativen und Superlativen	Attribut	1 cōpia frūmentī – eine Menge Getreide māgnus numerus hostium – eine große Anzahl von Feinden 2 multum vīnī – viel Wein In Catilīna erat satis ēloquentiae, sapientiae parum. – Catilina besaß genug Beredsamkeit, zu wenig Klugheit. 3 Quis nostrum? – Wer von uns? Rōmulus prīmus rēgum Rōmānōrum erat. – Romulus war der erste König der Römer. 4 māior frātrum – der ältere Bruder Croesus dīvitissimus omnium hominum erat. – Kroisos war der reichste aller Menschen.

	semantische Funktion (Inhalt und Bedeutung)	syntaktische Funktion (Satzglied)	Beispiele
4	Angabe der Beschaffenheit oder Eigenschaft, die auf die im übergeordneten Nomen genannte Person oder Sache zutrifft **(genitivus qualitatis)** vgl. 45.9	Attribut	Calgacus, vir māgnae virtūtis, ōrātiōnem habuit. – Calgacus, ein Mann von großer Tapferkeit, hielt eine Rede.
		Prädikatsnomen	Calgacus māgnae virtūtis fuit. – Calgacus war von großer Tapferkeit/ war sehr tapfer.
5	Angabe des Eigentümers, dem die im übergeordneten Nomen genannte Sache gehört,	Attribut	Domus patris māgna est. – Das Haus des Vaters ist groß.
	oder	Prädikatsnomen	Domus patris est. – Das Haus gehört *dem Vater.* (Betonung des Eigentümers, vgl. 43.4)
	Angabe der Person oder Sache, der etwas als Aufgabe oder Charaktereigenschaft zu eigen ist **(genitivus possessoris)**	Prädikatsnomen	rēgis est – es ist Aufgabe (Pflicht/ Eigenschaft) eines Königs fortitūdinis est – es ist ein Zeichen von Tapferkeit
6	Angabe des Wertes einer Sache **(genitivus pretii)** vgl. 45.5	Prädikatsnomen	Hic liber māgnī est, ille parvī. – Dieses Buch ist teuer, jenes billig. Hoc praemium māgnī aestimō. – Diese Belohnung schätze ich hoch ein.
7	Angabe der betroffenen Person oder Sache bei 1 Verben des Erinnerns 2 unpersönlichen Ausdrücken der Empfindung	Objekt	1 Mihi Platōnis in mentem vēnit. – Da fiel mir Platon ein. Beneficiōrum vestrōrum libenter meminimus. – Wir erinnern uns gern an eure Wohltaten. 2 Mē paenitet huius iniūriae. – Ich bereue dieses Unrecht.

43 Dativ

gibt an:
- die Person oder Sache, der eine Handlung gilt
- die Person, zu deren Gunsten oder in deren Interesse eine Handlung geschieht
- den Zweck bzw. die Wirkung einer Handlung

	semantische Funktion (Inhalt und Bedeutung)	syntaktische Funktion (Satzglied)	Beispiele
1	Angabe der Person oder Sache, der eine Handlung gilt [1] als Ergänzung der Verbalaussage neben einem Akkusativobjekt bei transitiven Verben[1] [2] als Ergänzung der Verbalaussage bei intransitiven Verben[2]	Objekt	[1] Cīvēs cōnsulī grātiās agunt. – Die Bürger sagen dem Konsul Dank. [2] Amīcīs adsīmus! – Lasst uns den Freunden helfen! Cīvēs salūtī commūnī serviant! – Die Bürger sollen dem Gemeinwohl dienen! Imperātor hostibus subiectīs parcit. – Der Feldherr verschont die unterworfenen Feinde. Placet senātuī. – Dem Senat gefällt es (= Der Senat beschließt).
2	Angabe der Person oder Sache, zu deren Vorteil (oder Nachteil) etwas geschieht **(dativus commodi/incommodi)**	Objekt	Nōn scholae, sed vītae discimus. – Nicht für die Schule, sondern für das Leben lernen wir. Lupus est homō hominī. – Der Mensch ist seinem Mitmenschen ein Wolf. Senātōrēs cīvibus cōnsulunt. – Die Senatoren sorgen für ihre Mitbürger.
3	Angabe des Zwecks oder der Wirkung einer Handlung **(dativus finalis)**, meist in Verbindung mit dem dativus commodi	Prädikatsnomen	Mōres māiōrum nobis exemplō sint! – Die Bräuche der Vorfahren sollen uns als Beispiel dienen!
		Adverbiale	Graecī Minervae deae equum līgneum donō dant. – Die Griechen geben der Göttin Minerva ein hölzernes Pferd zum Geschenk.
4	Angabe des Eigentümers, dem eine Sache gehört **(dativus possessoris)**	Prädikatsnomen	Domus patrī est. – *Das Haus* gehört dem Vater. (Betonung des Besitzes, vgl. 42.5)
5	Angabe der handelnden Person beim Gerundivum **(dativus auctoris)**	Adverbiale	Omnibus cīvibus lēgēs observandae sunt. – Alle Bürger müssen die Gesetze beachten. Nēminī officia neglegenda sunt. – Niemand darf seine Pflichten vernachlässigen.

[1] Verben, die durch ein Akkusativobjekt ergänzt werden können, heißen transitive Verben.

[2] Verben, die nur durch ein Dativobjekt (z. B.: pārēre) oder gar nicht ergänzt werden können (z. B.: īre), heißen intransitive Verben.

44 Akkusativ

gibt an:
- die Person oder Sache, auf die sich eine Handlung richtet
- die Richtung oder das Ziel einer Bewegung
- die Ausdehnung in Zeit und Raum

	semantische Funktion (Inhalt und Bedeutung)	**syntaktische Funktion (Satzglied)**	**Beispiele**
1	Inhaltliche Ergänzung der Verbaussage durch Angabe der Person oder Sache, auf die sich eine Handlung richtet	Objekt	Pater convīvās exspectat. Convīvae atrium intrant. – Der Vater erwartet Gäste. Die Gäste betreten das Atrium.
2	Angabe einer Sache, die den Inhalt der Verbaussage aufnimmt **(Akkusativ des Inhalts)** 1 durch ein Substantiv desselben Wortstammes (figura etymologica) 2 durch das Neutrum eines Pronomens	Objekt	1 Beātam vītam vīvō. – Ich lebe ein glückliches Leben/glücklich. Pessimum facinus fēcistī. – Du hast eine sehr schlimme Tat vollbracht. 2 Id tē rogō. – Darum bitte ich dich. Hoc mīror. – Darüber wundere ich mich.
3	Inhaltliche Ergänzung der Verbaussage durch Angabe der Person, auf die sich eine Handlung richtet, *und* Konkretisierung der Satzaussage **(doppelter Akkusativ)** vgl. 41.2	Objekt + Prädikatsnomen	Rōmānī Marium cōnsulem creāvērunt. – Die Römer wählten Marius zum Konsul. Marius sē semper fortem praestitit. – Marius erwies sich stets als tapfer.
4	Angabe der Richtung bei Verben der Bewegung 1 bei Eigennamen von Städten und kleineren Inseln *ohne* Präposition 2 bei Ländernamen und größeren Inseln *mit* Präposition vgl. 45.10	Adverbiale	1 Prīmō Rōmam, deinde Pompeiōs iter fēcī. – Ich bin zuerst nach Rom, dann nach Pompeji gereist. 2 Prīmō in Siciliam, deinde in Graeciam nāvigāvī. – Ich bin zuerst nach Sizilien, dann nach Griechenland gesegelt.
5	Angabe der zeitlichen und räumlichen Ausdehnung	Adverbiale	Trōiānī urbem decem annōs dēfendērunt. – Die Trojaner verteidigten ihre Stadt zehn Jahre lang. Rōma ā marī vīgintī mīlia passuum abest. – Rom liegt 20 römische Meilen (30 km) vom Meer entfernt.

45 Ablativ

gibt an:
- den Ausgangspunkt bzw. die Herkunft und die Trennung von einer Person oder Sache
- das Mittel oder Werkzeug, mit dessen Hilfe eine Handlung vollzogen wird
- die Bestimmung eines Ortes oder eines Zeitpunktes

	semantische Funktion (Inhalt und Bedeutung)	syntaktische Funktion (Satzglied)	Beispiele
1	Angabe des Ausgangspunktes bei Verben der Bewegung **(eigentlicher Ablativ)** 1 bei Eigennamen von Städten und kleineren Inseln *ohne* Präposition 2 bei Ländernamen und größeren Inseln *mit* Präposition vgl. 44.4	Adverbiale	1 Rōmā Pompeiōs proficīscar. – Ich werde von Rom aus nach Pompeji aufbrechen. 2 Ā Graeciā in Siciliam nāvigāvī. – Ich bin von Griechenland nach Sizilien gesegelt.
2	Angabe der Person oder Sache, von der sich jemand trennt oder getrennt ist **(ablativus separativus)**	Adverbiale	Brūtus cīvēs ā Tarquiniō rēge līberāvit. Tum cīvēs metū līberī erant. – Brutus hat die Bürger vom König Tarquinius befreit. Da waren die Bürger frei von Furcht.
3	Angabe der Person oder Sache, mit der jemand oder etwas verglichen wird **(ablativus comparationis)**	Adverbiale	Numquam flāgitium turpius illō scelere vīdī. – Niemals habe ich eine schlimmere Schandtat als dieses Verbrechen gesehen.
4	Angabe des Mittels oder Werkzeugs, mit dessen Hilfe eine Handlung geschieht **(ablativus instrumentalis)**	Adverbiale	Rōmānī forum multīs aedificiīs ōrnavērunt. – Die Römer schmückten ihr Forum mit vielen Bauwerken. Hostēs fugā salūtem petivērunt. – Die Feinde suchten ihr Heil in der Flucht.
		Objekt	Hīs exemplīs ūtāmur! – Lasst uns diese Beispiele verwenden!
5	Angabe des Preises bei den Verben des Geschäftsverkehrs **(ablativus pretii)** vgl. 42.6	Adverbiale	Hās mercēs māgnō ēmī. – Diese Waren habe ich zu einem hohen Preis gekauft.

	semantische Funktion (Inhalt und Bedeutung)	syntaktische Funktion (Satzglied)	Beispiele
6	Angabe der Ursache oder des Grundes für einen Vorgang bzw. Zustand **(ablativus causae)**	Adverbiale	Quīntus nuntiō gaudet. – Quintus freut sich über die Nachricht. Quīntus nuntiō trīstis est. – Quintus ist wegen der Nachricht traurig.
7	Angabe der Begleitung einer Handlung durch Personen **(ablativus sociativus)**	Adverbiale	Caesar cum tribus legiōnibus profectus est. – Cäsar brach mit drei Legionen auf.
8	Angabe der Art und Weise, mit der eine Handlung vollzogen wird **(ablativus modi)**	Adverbiale	Quīntus nuntium māgnā (cum) cūrā audit.[1] – Quintus hört die Nachricht mit großer Sorge.
9	Angabe der Eigenschaft einer Person **(ablativus qualitatis)** vgl. 42.4[2]	Adverbiale	Rōmānī Marium, imperātōrem summā virtūte, cōnsulem creāvērunt. – Die Römer wählten Marius, einen Feldherrn von höchster Tapferkeit, zum Konsul.
		Prädikats-nomen	Cīves bonō animō sunt. – Die Bürger sind guten Mutes.
10	Angabe des Ortes **(ablativus loci)** 1 bei Eigennamen von Städten und kleineren Inseln sowie bei locus und tōtus *ohne* Präposition 2 bei Ländernamen und größeren Inseln *mit* Präposition[3] vgl. 44.4	Adverbiale	1 Carthāgine – in Karthago Athēnīs – in Athen eō locō – an diesem Ort tōtā urbe – in der ganzen Stadt 2 in Graeciā – in Griechenland
11	Angabe des Zeitpunktes, zu dem eine Handlung stattfindet **(ablativus temporis)**	Adverbiale	Amīcī prīmā lūce profectī sunt. – Die Freunde brachen bei Tagesanbruch auf.

[1] Steht beim ablativus modi ein adjektivisches Attribut, kann die Präposition cum fehlen.
[2] Der ablativus qualitatis und der genitivus qualitatis werden ohne große Bedeutungsunterschiede verwendet, gelegentlich sogar nebeneinander: vir māgnī ingeniī summāque prudentiā.
[3] Bei den Städtenamen der a- und o-Deklination im Singular sowie bei domus und rūs ist die Endung -ī des alten Kasus Lokativ erhalten geblieben: Corinthī: in Korinth – Rōmae (< Roma-i): in Rom – domī: zu Hause – rūrī: auf dem Land.

Satzwertige Konstruktionen

46 Satzwertige Konstruktionen

Zu den Nominalformen des Verbs, die nicht wie eine finite Verbform vollständig durch Person, Numerus, Modus, Tempus und genus verbi bestimmt werden, zählen die Infinitive, die Partizipien und die nd-Formen. Auch diese infiniten Nominalformen können die Funktion von Satzgliedern oder Satzgliedteilen übernehmen (vgl. 40). Sie werden in der deutschen Übersetzung meist mit einem Adverbialsatz wiedergegeben:

Docentēs discimus.
Docendō discimus. — Wenn/Indem wir lehren, lernen wir. (vgl.: Cum docēmus, discimus.)

Damit haben diese Nominalformen – auch mit ihren Erweiterungen – ebenfalls den Wert von Sätzen und werden deshalb als **satzwertige Konstruktionen** bezeichnet.
Zu den satzwertigen Konstruktionen zählen: AcI, NcI, Participium coniunctum, Ablativus absolutus, das Gerundium, das attributive Gerundivum und das Prädikativum (vgl. 39.3.3).

47 Akkusativ mit Infinitiv (AcI)

1. Der AcI ist eine häufig verwendete satzwertige Konstruktion, bei der das Subjekt im Akkusativ und das Prädikat im Infinitiv steht (AcI: accusativus cum infinitivo). Im Deutschen wird der AcI oft mit einem abhängigen Aussagesatz übersetzt. Dabei wird in dem deutschen dass-Satz aus dem lateinischen Akkusativ das Subjekt und aus dem lateinischen Infinitiv wird im Deutschen das Prädikat:

	Akkusativ		**Infinitiv**
Līberī vident	**multōs hominēs**	ad forum	**currere.**
Die Kinder sehen, dass	**viele Leute**	zum Marktplatz	**eilen.**
	Subjekt		**Prädikat**

2. Der AcI steht

a) nach den Verben des **Sprechens**	b) nach den Verben der **Wahrnehmung** und des **Wissens**	c) nach den Verben der **Gefühlsäußerung**
dīcere: sagen nārrāre: erzählen putāre: glauben exīstimāre: meinen negāre: verneinen u. a.	audīre: hören comperīre: erfahren scīre: wissen sentīre: meinen vidēre: sehen u. a.	dolēre: leiden moleste ferre: sich ärgern gaudēre: sich freuen querī: sich beklagen u. a.

d) nach **unpersönlichen** Ausdrücken, z. B.

appāret: es zeigt sich cōnstat: es steht fest

3. Der AcI hat die syntaktische Funktion

a) eines **Objekts** nach den Verben des Sprechens, der Wahrnehmung und des Wissens:

Līberī multōs hominēs	Die Kinder sehen viele Menschen zum Forum eilen.
ad forum currere vident.	Die Kinder sehen, dass viele Menschen zum Forum eilen.

b) eines **Subjekts** nach unpersönlichen Ausdrücken:

Ovidium poētam clārum fuisse cōnstat.	Es steht fest, dass Ovid ein berühmter Dichter gewesen ist.

4. Der Infinitiv im AcI bezeichnet stets ein **Zeitverhältnis**:

4.1 Der **Infinitiv Präsens** bezeichnet die mit der übergeordneten Handlung gleichzeitig verlaufende Handlung **(Infinitiv der Gleichzeitigkeit)**:

Līberī vident multōs hominēs ad forum currere.	Die Kinder sehen, dass viele Menschen zum Forum eilen.
Līberī vīdērunt multōs hominēs ad forum currere.	Die Kinder sahen, dass viele Menschen zum Forum eilten.

Das deutsche Tempus, mit dem der Infinitiv der Gleichzeitigkeit wiedergegeben wird, richtet sich nach dem Tempus, welches das Prädikat der übergeordneten Handlung hat.

4.2 Der **Infinitiv Perfekt** bezeichnet die im Verhältnis zur übergeordneten Handlung bereits abgeschlossene Handlung **(Infinitiv der Vorzeitigkeit)**:

Pater nārrat multās nāvēs Ōstiam pervēnisse.	Der Vater erzählt, dass viele Schiffe nach Ostia gekommen sind.
Pater nārrāvit multās nāvēs Ōstiam pervēnisse.	Der Vater hat erzählt/erzählte, dass viele Schiffe nach Ostia gekommen waren.

Da die Handlung des Infinitivs pervēnisse zeitlich vor der übergeordneten Handlung nārrat/nārrāvit (3. Pers. Sg. Indikativ Präsens/Perfekt) erfolgt, muss pervēnisse in der Übersetzung mit dem Perfekt bzw. dem Plusquamperfekt wiedergegeben werden.

4.3 Der **Infinitiv Futur** bezeichnet die im Verhältnis zur übergeordneten Handlung folgende Handlung **(Infinitiv der Nachzeitigkeit)**:

Pater spērat multās nāvēs Ōstiam perventūrās esse.	Der Vater hofft, dass viele Schiffe nach Ostia kommen werden/kommen.
Pater spērāvit multās nāvēs Ōstiam perventūrās esse.	Der Vater hoffte, dass viele Schiffe nach Ostia kämen/kommen würden.

Da die Handlung des Infinitivs perventūrās esse zeitlich nach der übergeordneten Handlung spērat/spērāvit (3. Pers. Sg. Indikativ Präsens/Perfekt) erfolgt, muss perventūrās esse in der Übersetzung mit dem Futur (oder mit dem Präsens, da nach „hoffen" gedanklich die Zukunft erwartet wird) wiedergegeben werden. Nach einem Vergangenheitstempus in der übergeordneten Handlung muss für den Infinitiv Futur im Deutschen der Konjunktiv II oder die Umschreibung mit „würde" verwendet werden.

5. Die Wiedergabe des AcI im Deutschen

Der AcI wird im Deutschen in der Regel durch einen Gliedsatz wiedergegeben, der mit „dass" eingeleitet wird:

Scīmus Hannibalem māgnum imperātōrem fuisse.	Wir wissen, **dass** Hannibal ein großer Feldherr gewesen ist.

Neben dem Gliedsatz mit „dass" gibt es noch andere Möglichkeiten der Wiedergabe:

a) Hannibal war, **wie wir wissen**, ein großer Feldherr. (Einschub: Parenthese)

b) **Nach unserem Wissen** war Hannibal ein großer Feldherr. (Präpositionalausdruck)

c) Hannibal war **bekanntlich** ein großer Feldherr. (Adverb)

6. Die Verwendung der Pronomina im AcI

6.1 Wenn ein Handlungsträger im AcI durch ein **Personalpronomen der 1. oder 2. Person** ausgedrückt wird, müssen diese Personalpronomina im Akkusativ stehen.

Senātōres ad Marium: „Scīmus tē imperātōrem fortem esse."	Die Senatoren sagten zu Marius: „Wir wissen, dass du ein tapferer Feldherr bist."

6.2 Welches **Pronomen in der 3. Person Singular und Plural** verwendet wird, ist vom jeweiligen Inhalt des Satzes abhängig: Wenn sich das Personalpronomen auf das Subjekt desselben Satzes zurückbezieht, steht das reflexive Personalpronomen (vgl. **18**). Wenn sich das Personalpronomen nicht auf das Subjekt desselben Satzes zurückbezieht (Nicht-Reflexivität: vgl. **18**), wird das Pronomen is, ea, id im Akkusativ Singular und Plural verwendet. (Zur Deklination von is, ea, id vgl. **20.4**.)

Mūcius dīcit sē cōnsilium inīsse.	Mucius sagt, dass er einen Plan gefasst hat.
Senātōrēs dīcunt sē iam dē salūte dēspērāre.	Die Senatoren sagen, dass sie schon an der Rettung verzweifeln.
Mūcius scit eōs dē salūte dēspērāre.	Mucius weiß, dass sie (die Senatoren) an der Rettung verzweifeln.
Senātōrēs sciunt eum māgnā virtūte esse.	Die Senatoren wissen, dass er (Mucius) sehr tapfer ist.

48 Nominativ mit Infinitiv (NcI)

1. Stehen bestimmte Verben, von denen im Aktiv ein AcI abhängig ist, im Passiv, tritt an die Stelle des Akkusativs der Nominativ. Der NcI kann wie der AcI im Deutschen mit einem Gliedsatz wiedergegeben werden, der mit „dass" eingeleitet wird.

AcI:	Iacōbus leōnem mercātōrēs clāmōre fugāvisse trādit.	Jakobus überliefert, dass der Löwe die Kaufleute mit Gebrüll in die Flucht geschlagen hat.
NcI:	Leo mercātōrēs clāmōre fugāvisse trāditur.	Es wird überliefert/man überliefert, dass der Löwe die Kaufleute mit Gebrüll in die Flucht geschlagen hat./Der Löwe soll die Kaufleute mit Gebrüll in die Flucht geschlagen haben.

2. Im NcI muss auch das Prädikatsnomen im Nominativ stehen:

AcI:	Scrīptōrēs trādunt leōnem vulnerātum esse.	Die Schriftsteller überliefern, dass der Löwe verletzt war.
NcI:	Leō vulnerātus esse trāditur.	Der Löwe soll verletzt gewesen sein.

3. Der NcI kann in allen Personen vor allem bei den folgenden Verben stehen:

videor	man sieht, dass ich; ich scheine
vidēris	man sieht, dass du; du scheinst
dīcor	man sagt, dass ich; ich soll
putor / iūdicor / exīstimor	man glaubt, dass ich; ich soll
iubeor	man befiehlt, dass ich
fertur/trāditur	man berichtet/überliefert, dass er, sie es; er, sie, es soll

4. Für das **Zeitverhältnis** gelten beim NcI dieselben Regeln wie beim AcI (vgl. 46.3).

AcI:	Tacitus Flāvum valdē īrātum fuisse trādit.	Tacitus überliefert, dass Flavus sehr zornig gewesen ist.
NcI:	Flāvus valdē īrātus fuisse trāditur.	Es wird überliefert, dass Flavus sehr zornig gewesen ist./Flavus soll sehr zornig gewesen sein.

49 Partizip

1. Das Partizip richtet sich in Kasus, Numerus und Genus nach seinem Bezugswort. Wenn das Partizip durch zusätzliche Angaben näher bestimmt wird, stehen diese häufig zwischen dem Bezugswort und dem Partizip (sog. geschlossene Wortstellung): **aedificia** incendiō **dēlēta**, **Rōmānī** māgnā virtūte **pūgnantēs**.

2. Die verschiedenen Partizipien bezeichnen ein bestimmtes **Zeitverhältnis** zur übergeordneten Verbaussage. Dieses Zeitverhältnis ist bei der Übersetzung zu beachten. Es bezeichnet das

Partizip Perfekt Passiv	die Vorzeitigkeit
Partizip Präsens Aktiv	die Gleichzeitigkeit
Partizip Futur Aktiv	die Nachzeitigkeit

Das Tempus, das für die Übersetzung des Partizips gewählt wird, richtet sich nach dem Tempus der übergeordneten Verbaussage: Da das PPP die Vorzeitigkeit ausdrückt, muss nach einem Präsens/Futur für die Übersetzung im Deutschen das Perfekt gewählt werden, nach einem Vergangenheitstempus das Plusquamperfekt. Beim PPA richtet sich das deutsche Tempus nach dem Prädikat der übergeordneten Handlung.

3. Die **Verwendung des Partizips als Participium coniunctum** (P.c.)
Das über KNG-Kongruenz mit seinem Bezugswort verbundene Partizip wird als **Participium coniunctum** (P.c.) bezeichnet.

3.1 Das P.c. kann im Satz die Funktion eines **Attributs** übernehmen (selten):

Imperātor Nerō aedificia dēlēta urbis Rōmae spectat.	Kaiser Nero betrachtet die zerstörten Gebäude Roms.

Das Partizip als Attribut kann übersetzt werden:

a) **wörtlich**: Kaiser Nero betrachtet die **zerstörten** Gebäude Roms.

b) mit einem **Relativsatz**: Kaiser Nero betrachtet die Gebäude Roms, **die** zerstört worden sind.

3.2 Meist übernimmt das P.c. die Satzgliedfunktion eines **Adverbiales**. Dann bestimmt es inhaltlich die Aussage des Satzes näher. Die **Sinnrichtung (semantische Funktion)** des Partizips muss jeweils aus dem inhaltlichen Zusammenhang (Kontext) erschlossen und entsprechend übersetzt werden. Die folgende Tabelle gibt einen Überblick über die Sinnrichtungen und die verschiedenen Übersetzungsmöglichkeiten:

Sinnrichtung	**Frage**	**Unterordnung**	**Beiordnung**	**Präpositional-ausdruck**
temporal gleichzeitig vorzeitig	Wann?	 während; als nachdem	 und dabei und danach	 während nach
kausal	Warum?	weil; da	und deshalb; und daher	wegen
konditional	Unter welcher Bedingung?	wenn; falls	und in dem Fall	im Falle
konzessiv	Trotz welchen Umstandes?	obwohl	aber dennoch; aber trotzdem	trotz
modal	Wie?	indem; dadurch, dass; wobei	und dadurch; und so	mit

Das PFA als Adverbiale kommt sehr selten vor. Es hat stets finale Sinnrichtung und wird mit „um zu" übersetzt: P. Servīlius, vir clārissimus, adest sententiam lātūrus. – P. Servilius, ein hoch angesehener Mann, ist da, um seine Stimme (im Senat) abzugeben.

Beispiel für die Übersetzung bei **temporaler** Sinnrichtung (gleichzeitig):

	Mīlitēs Rōmānī pūgnantēs ab hostibus circumventī sunt.
a) Unterordnung (Adverbialsatz)	Während/Als die römischen Soldaten kämpften, wurden sie von den Feinden umzingelt.
b) Beiordnung	Die römischen Soldaten kämpften und wurden dabei von den Feinden umzingelt.
c) Präpositionalausdruck	Während ihres Kampfes wurden die römischen Soldaten von den Feinden umzingelt.

Beispiel für die Übersetzung bei **konzessiver** Sinnrichtung (vorzeitig):

	Oppidum mūrīs cōnfirmātum (tamen) ā Rōmānīs captum est.
a) Unterordnung (Adverbialsatz)	Obwohl die Stadt durch Mauern befestigt war, wurde sie (dennoch) von den Römern eingenommen.
b) Beiordnung	Die Stadt war durch Mauern befestigt (worden), wurde aber dennoch von den Römern eingenommen.
c) Präpositionalausdruck	Trotz der Befestigung durch Mauern wurde die Stadt von den Römern eingenommen.

4. Übersetzungsmethode bei der Erschließung von Sätzen mit P.c.:

Beispielsätze: a) Dolor Ovidiī in regiōne īnfestā vītam agentis māgnus erat.
b) Cīvitātēs Gallōrum victōriam ab Ambiorīge nūntiātam celebrāvērunt.

4.1 **Unterstreiche** das Partizip und sein Bezugswort, **klammere** dann die Wörter nach dem Bezugswort bis einschließlich des Partizips **ein**:

a) Dolor <u>Ovidiī</u> [in regiōne īnfestā vītam <u>agentis</u>] māgnus erat.

b) Cīvitātēs Gallōrum <u>victōriam</u> [ab Ambiorīge <u>nūntiātam</u>] celebrāvērunt.

4.2 **Übersetze** den Satz ohne die eingeklammerten Wörter:

a) Der Schmerz Ovids war groß.

b) Die Stämme der Gallier feierten den Sieg.

4.3 Stelle das **Zeitverhältnis** zum restlichen Satz fest, das durch das P.c. ausgedrückt wird (vgl. 49.2).

4.4 Überlege, ob das P.c. im Satz die Funktion eines **Attributs** (selten – Frage: Was für ein?) oder eines **Adverbiales** (meistens – Frage: Unter welchen Umständen?) übernimmt.

4.5 Überlege, welche **Sinnrichtung** für das P.c. **als Adverbiale** im inhaltlichen Zusammenhang (Kontext) sinnvoll ist. Beachte bei der Übersetzung: Subjekt des Adverbialsatzes wird das Bezugswort des Partizips, das Partizip wird zum Prädikat.

a) Der Schmerz Ovids war groß, als/weil **er** (**Ovid**) in einer feindseligen Gegend sein Leben **verbrachte**.

b) Die Stämme der Gallier feierten den Sieg, nachdem **er** (**der Sieg**) von Ambiorix **gemeldet worden** war.

50 Ablativus absolutus (Ablativ mit Partizip)

1. Der Ablativus absolutus besteht aus einem Nomen im Ablativ und aus einem Partizip im Ablativ, das zu diesem Nomen in KNG-Kongruenz steht. Diese Konstruktion hängt syntaktisch nicht vom restlichen Satz ab und wird daher als „absolut" („losgelöst") bezeichnet.

2. Der Ablativus absolutus hat immer die Satzgliedfunktion eines **Adverbiales**.

3. Für das **Zeitverhältnis** gelten dieselben Regeln wie beim Participium coniunctum (vgl. **49.2**).

4. **Übersetzungsmethode** bei der Erschließung von Sätzen mit Ablativus absolutus (vgl. **49.4**):
Beispielsatz: Sententiīs adversāriōrum audītīs prōcūrātor iūs dīxit.

4.1 **Unterstreiche** das Partizip und sein Bezugswort, **klammere** dann die Wörter vom Bezugswort bis einschließlich des Partizips **ein**:
[Sententiīs adversāriōrum audītīs] prōcūrātor iūs dīxit.

4.2 Übersetze
a) zunächst die **Kernaussage**: Der Statthalter verkündete das Urteil.
b) danach den **Ablativus absolutus als selbstständige Aussage**. Berücksichtige dabei schon das **Zeitverhältnis**, das durch das Partizip ausgedrückt wird:
Die Aussagen der Prozessgegner waren gehört worden.

4.3 Überlege, welche adverbiale **Sinnrichtung** zum Kontext passt, und übersetze dann nach einer der drei bekannten Möglichkeiten (vgl. **49.3.2**):
Nachdem die Aussagen der Prozessgegner gehört worden waren, verkündete der Statthalter das Urteil.
Die Aussagen der Prozessgegner waren gehört worden, und **danach** verkündete der Statthalter das Urteil.
Nach der Anhörung der Aussagen der Prozessgegner verkündete der Statthalter das Urteil.

Da der Statthalter, der das Urteil verkündet, ja auch selbst die Aussagen der Prozessgegner gehört hat, kann man das unpersönliche PPP auch aktiv übersetzen (kryptoaktive Verwendung). Eine gute Übersetzung lautet daher: „Nachdem **der Statthalter** die Aussagen der Prozessgegner gehört hatte, verkündete **er** das Urteil".

5. Der nominale Ablativus absolutus

5.1 Der Ablativus absolutus kann auch ohne Partizip nur aus zwei **Nomina**, die aufeinander bezogen sind, gebildet werden. Der nominale Ablativus absolutus drückt immer die Gleichzeitigkeit aus.

5.2 Der nominale Ablativus absolutus steht besonders nach Nomina, die
a) eine handelnde Person bezeichnen:
Armīniō duce – unter der Führung des Arminius
Caesare auctōre – auf Veranlassung Caesars
b) eine Altersangabe machen: mē puerō – in meiner Kindheit
c) eine Amtsbezeichnung angeben: Cicerōne cōnsule – unter dem Konsulat Ciceros
d) und nach einigen Adjektiven in KNG-Kongruenz zum Bezugswort:
Hannibale vīvō – zu Lebzeiten Hannibals
tē invītō – gegen deinen Willen

nd-Formen

1. Das Gerundium: Verwendung und Übersetzung

1.1 Mit den Formen des Gerundiums kann der lateinische Infinitiv dekliniert werden. Der Infinitiv ist als Genus Neutrum, vgl.: Errāre hūmānum est. Das Gerundium ist also ein Verbalsubstantiv, das nur im Neutrum Singular auftritt:
occāsiō dīcendī – die Gelegenheit des Redens (= zu reden)

1.2 Wegen seiner Herkunft von einem Verbum kann das Gerundium erweitert werden durch ein Adverbiale und/oder durch ein Objekt:

Mīlitēs Capitōlium fortiter dēfendendō urbem servāvērunt. – Dadurch, dass die Soldaten das Kapitol tapfer verteidigten, retteten sie Rom.

1.3 Die **Übersetzungsmöglichkeiten** des Gerundiums in den einzelnen Kasus:

syntaktische Funktion	Übersetzung	Beispiel
Attribut im Genitiv	durch einen Infinitiv mit „zu“ oder durch einen Präpositionalausdruck	Caesar ad flūmen Rubicōnem: „Nunc nōbīs est facultās redeundī.“ Am Rubikon sagte Caesar: „Jetzt haben wir noch die Möglichkeit zurückzukehren/zur Rückkehr.“
Adverbiale im Akkusativ	durch einen Infinitiv mit „zu“ oder durch einen Präpositionalausdruck	Caesar ad pūgnandum parātus erat. Cäsar war bereit zu kämpfen/zum Kampf.
Adverbiale im Ablativ	durch einen modalen Gliedsatz oder durch einen Präpositionalausdruck	Caesar Galliam subiciendō glōriam sibi parāvit. Dadurch, dass Caesar Gallien unterwarf,/Durch die Unterwerfung Galliens erwarb sich Caesar Ruhm.

2. Das Gerundivum

Das Gerundivum ist ein Verbaladjektiv. Es kann attributiv und prädikativ verwendet werden.

2.1 **Das Gerundivum als Attribut** richtet sich in KNG nach seinem Bezugswort. Zusammen mit einem Bezugswort entspricht das adjektivische Gerundivum oft der Konstruktion des substantivischen Gerundiums mit einem Akkusativobjekt und wird dann genau so übersetzt. Die **Übersetzung des Gerundivums** als Attribut erfolgt meist durch ein Verbalsubstantiv oder einen Gliedsatz.

Es gelten dieselben Übersetzungsmöglichkeiten wie beim Gerundium (vgl. **51.1.3**), z. B.:

cōnsilium linguam Latīnam cōgnōscendī (Gerundium mit Akkusativobjekt) cōnsilium linguae Latīnae cōgnōscendae (Gerundivum als Attribut in KNG-Kongruenz)	der Beschluss, Latein zu lernen
Cōnsulēs iūstitiam vēram cōgnōscendō rem pūblicam iūstē rēxērunt. (Gerundium mit Akkusativ-Objekt). Cōnsulēs iūstitiā vērā cōgnōscendā rem pūblicam iūstē rēxērunt. (Gerundivum als Attribut in KNG-Kongruenz).	Die Konsuln haben den Staat a) durch die Erkenntnis der wahren Gerechtigkeit gerecht regiert. b) den Staat gerecht regiert, indem sie/dadurch, dass sie die wahre Gerechtigkeit erkannt haben.

Gelegentlich steht das Gerundivum als Attribut im Nominativ. Dann wird es mit einem Adjektiv auf *-lich* oder *-wert* wiedergegeben: studium laudandum – ein lobens*werter* Eifer; rēs nōn ferenda – eine unerträg*liche* Angelegenheit.

2.2 Das Gerundivum als Prädikatsnomen

a) Das prädikative Gerundivum mit einer Form von esse

Das Gerundiv wird häufig als Teil des Prädikats verwendet (**prädikative Verwendung**). Dann steht es als **Prädikatsnomen** bei einer Form von esse. Es richtet sich dabei in KNG nach dem Subjekt. Das prädikative Gerundivum hat eine passive Bedeutung und drückt eine Notwendigkeit aus. Es bezeichnet also **etwas, das getan werden muss**:

Discipulus laudandus est.	Der Schüler muss gelobt werden. („Der Schüler ist zu loben.“)
Discipulus laudandus erat.	Der Schüler musste gelobt werden. („Der Schüler war zu loben.“)

In der **Verneinung** drückt das prädikative Gerundivum aus, dass etwas **nicht getan werden darf** (vgl. im Englischen: „must“ – „muss“ und „must not“ – „darf nicht“):

Verba magistrī neglegenda nōn sunt.	Die Worte des Lehrers dürfen nicht vernachlässigt werden.

Möglich ist auch eine deutsche Übersetzung mit „man“ und einem Verb im Aktiv:

Discipulus laudandus est.	**Man muss** den Schüler **loben**.
Verba magistrī neglegenda nōn sunt.	**Man darf** die Worte des Lehrers nicht **vernachlässigen**.

b) Der Dativus auctoris beim prädikativen Gerundivum

In Wendungen mit einem prädikativen Gerundivum steht die **handelnde Person** (also die Person, von der etwas getan werden muss/nicht getan werden darf) zumeist im **Dativ des Urhebers (dativus auctoris)**.

Discipulus magistrō laudandus est.	Der Schüler muss **vom Lehrer** gelobt werden.
Verba magistrī discipulīs neglegenda nōn sunt.	Die Worte des Lehrers dürfen **von den Schülern** nicht vernachlässigt werden.

c) Das prädikative Gerundivum in unpersönlichen Wendungen
kann auch von **intransitiven Verben** (Verben, die kein Akkusativobjekt bei sich haben) gebildet werden. Dann kommt es allein in **unpersönlichen Wendungen** vor und hat die Endung des Neutrum Singular **-um**:

Cōnsulī pārendum est.	Man muss dem Konsul gehorchen. (Es muss dem Konsul gehorcht werden.)
Hostibus parcendum est.	Man muss die Feinde schonen. (Die Feinde müssen geschont werden.)
Nōbis eundum est.	Wir müssen gehen.

Beim prädikativen Gerundivum in unpersönlichen Wendungen ist aus dem Textzusammenhang heraus zu prüfen, ob es sich bei dem Dativ um ein Dativobjekt oder um den dativus auctoris handelt.

d) Das Gerundivum bei Verben des Gebens, Nehmens und Besorgens
drückt einen Zweck oder eine Handlung aus, die noch durchgeführt werden muss:

Līberī magistrō īnstruendī dantur/trāduntur (mittuntur/committuntur).	Die Kinder werden dem Lehrer „als noch zu unterrichtende" übergeben (geschickt/anvertraut). = Die Kinder werden dem Lehrer zum Unterrichten übergeben (geschickt/anvertraut).

Die Verbindung von prädikativem Gerundiv und dem Verb curare wird mit „lassen" übersetzt:

Caesar pontem faciendum cūrat.	Caesar sorgt für eine Brücke „als noch zu bauende" = Caesar lässt eine Brücke bauen.

Tempusgebrauch

52 Das Präsens

1. Das Präsens bezeichnet Handlungen und Sachverhalte, die in der Gegenwart geschehen oder allgemeine Feststellungen sind.

2. Manchmal werden auch Ereignisse in der Vergangenheit im Präsens erzählt. Dadurch soll das Geschehen dem Hörer/Leser besonders lebhaft vergegenwärtigt werden **(praesens historicum)**. Bei der Wiedergabe im Deutschen kann ebenfalls das Präsens gewählt werden.
Als der Ritter Georg sich mit der Königstochter, die dem Drachen geopfert werden soll, unterhält, erscheint plötzlich die Bestie, um das Mädchen zu verschlingen:

Dracō saevus appāruit et puellae appropinquāvit. Tum Georgius equum ascendit, lanceam capit, impetum in bestiam facit, eam occīdit.	Der wilde Drache erschien und näherte sich dem Mädchen. Da besteigt Georg sein Pferd, ergreift seine Lanze, greift das wilde Tier an, tötet es.

53 Das Imperfekt

Das Imperfekt bezeichnet eine Handlung oder eine Situation in der Vergangenheit, die noch nicht vollendet ist.

1. Es bezeichnet Bräuche, Gewohnheiten und Zustände **(duratives Imperfekt)** sowie Vorgänge in der Vergangenheit, die in Bezug auf eine andere Handlung noch nicht abgeschlossen sind **(Hintergrundhandlung)**.

Aliquandō Georgius in cīvitātem Libyae pervēnit. Prope hanc cīvitātem stāgnum erat, in quō dracō vīvēbat.	Irgendwann einmal gelangte Georg in eine Stadt Libyens. Nahe dieser Stadt war (schon immer) ein Teich, in dem (als der Ritter Georg gerade vorbeikam) ein Drache lebte.

2. Es bezeichnet Handlungen in der Vergangenheit, die sich oft wiederholen **(iteratives Imperfekt)**.

Dracō iterum atque iterum ad mūrōs cīvitātis accēdēbat.	Der Drache kam immer wieder an die Stadtmauern heran.

3. Es bezeichnet Handlungen in der Vergangenheit, die sich oft wiederholen können, aber dennoch nur ein Versuch bleiben **(Imperfekt de conatu)**.

Nōnnūllī cīvēs fortēs dracōnem occīdēbant, bestiam autem nōn superāvērunt.	Einige tapfere Bürger versuchten, den Drachen zu töten, konnten ihn aber nicht bezwingen.

54 Das Futur I

1. Das **Futur I** bezeichnet das, was in der Zukunft eintritt oder was jemand tun will.

Georgius ad puellam: „Tē adiuvābō et ē perīculō servābō."	Georg sagte zu dem Mädchen: „Ich werde dir helfen und dich aus der Gefahr retten."

2. In Verbindung mit entsprechenden Zeitangaben, die in die Zukunft weisen, (z. B. mox: bald) kann das Futur I im Deutschen mit dem Präsens wiedergegeben werden.

Puella: „Fuge celeriter, nam mox dracō appārēbit."	Das Mädchen entgegnete: „Fliehe schnell, denn bald taucht der Drache auf!"

55 Das Perfekt

1. Das Perfekt ist im Lateinischen das Tempus der Erzählung (**historisches Perfekt**). Es bezeichnet Handlungen und Ereignisse, die in der Vergangenheit geschehen und vollendet bzw. abgeschlossen sind. Im Deutschen wird es mit dem Präteritum wiedergegeben.

2. Es bezeichnet eine abgeschlossene Handlung in der Vergangenheit, die festgestellt und/oder beurteilt wird. Im Deutschen wird ebenfalls das Perfekt verwendet.

3. Es bezeichnet im Gegensatz zum Imperfekt, das die Hintergrundhandlung beschreibt (vgl. 53.1), die Haupthandlung in der Vergangenheit.

[1] Georgius, cum iter per Libyam faceret, ante mūrōs cīvitātis puellam flentem cōnspexit. Puella eī nārrāvit: [2] „Cīvēs mē hūc mīsērunt, ut dracōnī trāderer." [3] Puella in summō perīculō erat. Itaque Georgius cōnsilium iniit eam servāre.	[1] Als Georg durch Libyen reiste, erblickte er vor den Mauern einer Stadt ein weinendes Mädchen. Das Mädchen erzählte ihm: [2] „Die Bürger haben mich hierher geschickt, damit ich dem Drachen ausgeliefert werde." [3] Das Mädchen war in höchster Gefahr. Daher fasste Georg den Entschluss, es zu retten.

56 Das Plusquamperfekt

Das Plusquamperfekt bezeichnet eine Handlung oder ein Geschehen, das vor dem Beginn einer anderen Handlung oder vor einem anderen Geschehen in der Vergangenheit abgeschlossen wurde. Das heißt: Das Plusquamperfekt ist **vorzeitig** zu einem der anderen Vergangenheitstempora (Imperfekt oder Perfekt):

Cīvēs puellam ē cīvitāte mīsērunt. Nam sorte cōnstitūtum erat, ut fīlia rēgis dracōnī trāderētur.	Die Bürger schickten das Mädchen aus der Stadt, denn durch das Los war bestimmt worden, dass die Tochter des Königs dem Drachen ausgeliefert wurde/werde/werden sollte.

57 Das Futur II

1. Mit dem Futur II wird eine Handlung ausgedrückt, die in der Zukunft bereits abgeschlossen sein wird, bevor eine andere Handlung in der Zukunft beginnen wird. Das Futur II tritt nur dann auf, wenn im übergeordneten Satz ein Futur I verwendet ist.

2. Bei der Übersetzung wird das Perfekt oder das Präsens verwendet, um die Vorzeitigkeit gegenüber dem übergeordneten Satz im Futur auszudrücken. (Die Form des Futur II kann man im Deutschen bilden; sie wird aber kaum noch verwendet.)

Georgius ad puellam: „Nē timueris! Sī dracō appāruerit, eum interficiam. Sī dracōnem interfēcerō, tē ad patrem dūcam."	Georg sagte zu dem Mädchen: „Fürchte dich nicht! Wenn der Drache erscheint, werde ich ihn töten. Wenn ich ihn getötet habe, werde ich dich zu deinem Vater führen."

Modi

58 Modi

Es gibt im Lateinischen wie im Deutschen verschiedene Möglichkeiten, eine Aussage zu treffen: Man kann einen Satz als Tatsache formulieren, als Befehl, aber auch als Wunsch oder als Vermutung. Diese jeweils unterschiedliche Aussageform nennt man **Modus** (= die Aussageweise).
Der **Indikativ** ist der Modus der Tatsachenfeststellung, die **Wirklichkeitsform**.
Der **Imperativ** ist der Modus des Befehls, die **Befehlsform**.
Der **Konjunktiv** ist der Modus der Vorstellung, die **Möglichkeitsform**. Er bezeichnet eine mögliche, gewünschte, beabsichtigte oder unwirkliche Handlung.

Unabhängige Satzarten

59 Unabhängige Satzarten

Unabhängige Sätze werden im Lateinischen unterteilt in Aussagesätze, Begehrsätze (Wunsch und Aufforderung) und Fragesätze.

60 Unabhängige Aussagesätze

1. Der Modus der unabhängigen Aussagesätze ist meist der Indikativ.

2. Nach den Ausdrücken des Könnens, Sollens oder Müssens steht im Lateinischen der Indikativ als Ausdruck der Wirklichkeit, der im Deutschen mit dem Konjunktiv der Nichtwirklichkeit übersetzt wird:

Multa dē hāc rē nārrāre possum, sed longum est.	Ich könnte viel über diese Angelegenheit erzählen, aber es würde zu weit führen.
Necesse erat Sōcratem ab Athēniēnsibus honōribus afficī, sed supplicium dē eō sumpsērunt.	Es wäre nötig gewesen, dass die Athener Sokrates geehrt hätten, aber sie haben ihn mit dem Tode bestraft.

3. Der Konjunktiv in unabhängigen Aussagesätzen dient dazu, eine Aussage abzuschwächen oder ihren Inhalt als **möglich** darzustellen **(Potentialis)**. Der Potentialis wird im Lateinischen ohne Unterschied durch den **Konjunktiv Präsens** oder **Konjunktiv Perfekt** ausgedrückt. Er wird durch **nōn** verneint.
In der deutschen Übersetzung wird die Möglichkeit durch **„dürfte/könnte“** oder die Adverbien **„wohl/vielleicht“** zum Ausdruck gebracht.

Quīdam exīstiment/exīstimāverint multās cīvitātēs iniūstissimē regī.	Manche glauben wohl, dass viele Staaten sehr ungerecht regiert werden.
Dīcat/Dīxerit aliquis hoc vērum esse.	Es könnte einer sagen, dass dies wahr ist.

61 Unabhängige Begehrsätze

enthalten Befehle, Aufforderungen, Verbote oder Wünsche.

1. Befehle werden in unabhängigen Begehrsätzen durch den **Imperativ** ausgedrückt. Der Imperativ richtet sich in der Regel an die 2. Person Singular oder Plural:

Tacē, Dāve! – Schweig, Davus!	Tacēte, servī! – Schweigt, Sklaven!

2. Aufforderungen und Verbote werden durch den Konjunktiv ausgedrückt:

2.1 Der Hortativ

Der **Konjunktiv Präsens der 1. Person Plural** bezeichnet eine **Aufforderung**, die der Sprecher an eine Gruppe richtet, zu der er selbst gehört. Verneint wird der Hortativ mit **nē**. Im Deutschen kann man den Hortativ mit der Umschreibung **„Lasst uns ...!"** oder **„Wollen wir ...!"** wiedergeben.

Incipiāmus!	Lasst uns beginnen!/Wollen wir beginnen!
Nē dēspērēmus!	Lasst uns nicht verzweifeln!/Wollen wir nicht verzweifeln!

2.2 Der Jussiv

Der **Konjunktiv Präsens der 3. Person Singular** und **Plural** bezeichnet eine **Aufforderung** an die dritte Person. Verneint wird der Jussiv mit **nē**.

Im Deutschen wird der Jussiv mit **„er/sie/es soll/sie sollen ..."** wiedergegeben.

Iste vir taceat!	Dieser Mann soll schweigen!
Nē amīcī haec dīcant!	Dies sollen die Freunde nicht sagen!

2.3 Der Prohibitiv

Der **Konjunktiv Perfekt der 2. Person Singular** und **Plural**, eingeleitet durch die Negation **nē**, bezeichnet ein **Verbot in der Gegenwart**. Daher übersetzt man den Konjunktiv Perfekt immer auch als **verneinten Befehl** mit dem Imperativ Präsens.

Anstelle von nē können auch andere negative Wörter wie **nēmō**, **nihil**, **numquam** treten.

Nē mē rīseritis!	Lacht mich nicht aus!
Numquam amīcum dēserueris!	Lass niemals einen Freund im Stich!

Ein Verbot kann im Lateinischen auch durch die Kombination von **nōlī/nōlīte und Infinitiv** ausgedrückt werden:

Nōlīte mē rīdēre!	Lacht mich nicht aus!
Nōlī amīcum dēserere!	Lass den Freund nicht im Stich!

3. Wünsche werden durch den **Konjunktiv** (Optativ) ausgedrückt.

3.1 Dabei wird zwischen **Wünschen**, die als **erfüllbar** gedacht werden, und solchen, die als **unerfüllbar** gedacht werden, unterschieden. Auch können sowohl Wünsche für die **Gegenwart** als auch für die **Vergangenheit** formuliert werden.

3.2 Häufig steht bei lateinischen Optativen zur Verstärkung **utinam** (bei Verneinungen: **utinam nē**) dabei. Im Deutschen werden erfüllbare Wünsche meist mit „hoffentlich" (mit deutschem Indikativ) übersetzt, unerfüllbare Wünsche mit „wenn doch".

3.3 Für die Verwendung der Tempora des Konjunktivs gilt:

Konjunktiv Präsens	erfüllbarer Wunsch	Gegenwart	Utinam amīcus veniat! – Hoffentlich kommt der Freund!
Konjunktiv Perfekt	erfüllbarer Wunsch	Vergangenheit	Utinam amīcus vēnerit! – Hoffentlich ist der Freund gekommen!
Konjunktiv Imperfekt	unerfüllbarer Wunsch	Gegenwart	Utinam amīcus venīret! – Wenn der Freund doch käme!
Konjunktiv Plusquamperfekt	unerfüllbarer Wunsch	Vergangenheit	Utinam amīcus vēnisset! – Wenn der Freund doch gekommen wäre!

Anstelle von **utinam (nē)** können auch Konjunktivformen von velle, nōlle und mālle den Wunsch im Optativ einleiten (erfüllbar: **velim, nōlim, mālim** bzw. unerfüllbar: **vellem, nōllem, māllem**).

62 Unabhängige Fragesätze

werden unterschieden in Wortfragen, Satzfragen und Wahlfragen (Doppelfragen).

1. Eine **Wortfrage** ist ein Fragesatz, der durch ein Fragewort (z. B. quis?, quid?, ubi?) eingeleitet wird.

Frage:	Antwort:
Quid Quīntus videt? – Was sieht Quintus?	Quīntus Capitōlium videt. – Quintus sieht das Kapitol.
Ubi templum Iovis est? – Wo befindet sich der Jupitertempel?	Templum Iovis in Palātiō est. – Der Jupitertempel befindet sich auf dem Palatin.

2. Eine **Satzfrage** ist ein Fragesatz, der (im Deutschen) die Antwort „ja“ oder „nein“ erwartet. Sie kann durch **-ne**, **nōnne** oder **num** eingeleitet werden. Diese einleitenden Wörter zeigen an, welche Antwort der Fragende erwartet, nämlich:

bei -ne:	Ja oder Nein
bei nōnne:	Ja/Doch
bei num:	Nein

Frage:	Antwort:
Videtne Quīntus Capitōlium? – Sieht Quintus das Kapitol?	Quīntus Capitōlium videt/nōn videt. – Ja/Nein.
Nōnne Quīntus Capitōlium videt? – Sieht Quintus etwa nicht das Kapitol?	Quīntus Capitōlium videt. – Doch, er sieht es. (Ja)
Num Quīntus ad Capitōlium properat? – Eilt Quintus etwa zum Kapitol?	Quīntus nōn ad Capitōlium properat. – Nein (er eilt nicht zum Kapitol).

3. Eine **Wahlfrage** (Doppelfrage) stellt verschiedene Möglichkeiten zur Auswahl. Sie kann eingeleitet werden durch: utrum ... an
-ne ... an
... an.

In der deutschen Übersetzung bleiben utrum bzw. -ne jeweils unübersetzt; es wird nur an in der Bedeutung „oder" wiedergegeben.

Utrum Quīntus ad Capitōlium an ad forum properat?	Eilt Quintus zum Kapitol oder zum Forum?

4. Der **Deliberativ** als Aussagemodus im unabhängigen Fragesatz bringt eine unentschlossene Überlegung des Sprechers zum Ausdruck. Er wird für die Gegenwart durch den Konjunktiv Präsens ausgedrückt, für die Vergangenheit durch den Konjunktiv Imperfekt. In der deutschen Übersetzung wird die Überlegung durch „sollen" wiedergegeben.

Quid nunc faciam?	Was soll ich jetzt tun?
Quid facerem?	Was hätte ich tun sollen?

Abhängige Satzarten

63 Abhängige Satzarten

Abhängige Sätze (Nebensätze) kann man im Lateinischen einteilen nach der Funktion, die der untergeordnete Satz als Teil des übergeordneten Satzes hat. Abhängige Sätze können die Funktion eines Subjekts, eines Objekts, eines Adverbiales oder eines Attributs (vgl. 39) haben.
Die Funktion eines **Subjekts** oder **Objekts** haben die abhängigen Aussage-, Begehr- oder Fragesätze, gelegentlich auch die Relativsätze.
Die Funktion eines **Adverbiales** haben die Temporal-, Kausal-, Konzessiv-, Adversativ-, Final-, Konsekutiv- oder Konditionalsätze, dazu die Relativsätze mit Konjunktiv.
Die Funktion eines **Attributs** haben die meisten Relativsätze.

64 Die consecutio temporum: Die Zeitenfolge in konjunktivischen Nebensätzen

1. Nebensätze stehen im Konjunktiv,
wenn sie mit einer Subjunktion eingeleitet werden, die mit dem Konjunktiv steht (z. B. cum, ut),
wenn sie einen abhängigen (indirekten) Fragesatz enthalten,
wenn sie einen Irrealis, Potentialis oder Deliberativ enthalten,
wenn sie als Relativsatz einen adverbialen Nebensinn enthalten.

Der Konjunktiv des lateinischen Nebensatzes wird in der Regel im Deutschen mit dem Indikativ wiedergegeben:

Tē ōrō, ut mihi adsīs.	Ich bitte dich, dass du mir hilfst.
Nesciō, quid facere dēbeam.	Ich weiß nicht, was ich tun muss.

2. Das Tempus in konjunktivischen Nebensätzen folgt fast immer den Regeln einer festen Zeitenfolge (consecutio temporum):

Tempus des übergeordneten Satzes	Tempus des konjunktivischen Nebensatzes	Zeitverhältnis
Präsens/Futur	Konjunktiv Präsens	gleichzeitig
	Konjunktiv Perfekt	vorzeitig
Imperfekt/Perfekt/ Plusquamperfekt	Konjunktiv Imperfekt	gleichzeitig
	Konjunktiv Plusquamperfekt	vorzeitig

Die Nachzeitigkeit wird nur in abhängigen Fragesätzen (vgl. 65.3) zum Ausdruck gebracht und durch das Partizip Futur mit dem Konjunktiv von esse umschrieben:
Nesciō, quid factūrus sīs. — Ich weiß nicht, was du tun wirst.

3. Bei der Übersetzung ins Deutsche wird zumeist der Indikativ des Tempus gewählt, das im lateinischen Nebensatz steht:

Cum Milō cōnsulātum petat, Clōdius praetūram petit.	Als sich Milo um das Konsulat bewirbt, bewirbt sich Clodius um die Prätur.
Cum Milō cōnsulātum peteret, Clōdius praetūram petebat.	Als sich Milo um das Konsulat bewarb, bewarb sich Clodius um die Prätur.
Clōdius, cum compererit Milōnem iter Lānuvium facere, Rōmam relinquit.	Nachdem Clodius erfahren hat, dass Milo nach Lanuvium fährt, verlässt er Rom.
Clōdius, cum comperisset Milōnem iter Lānuvium facere, Rōmam relīquit.	Nachdem Clodius erfahren hatte, dass Milo nach Lanuvium fuhr, verließ er Rom.

65 Subjekt- und Objektsätze

1. Abhängige Aussagesätze

1.1 werden zur Angabe einer Tatsache eingeleitet mit der Subjunktion **quod** (mit Indikativ): dass; die Tatsache, dass (sog. faktisches quod).

Clādēs Vāriāna eō insīgnis erat, quod trēs legiōnēs dēvictae erant.	Die Niederlage des Varus war dadurch herausgehoben, dass drei Legionen aufgerieben worden waren.
Vārus nōn bene fēcit, quod Armīniō fidem habuit.	Varus tat nicht gut daran, dass er Arminius Vertrauen schenkte.

1.2 werden nach unpersönlichen Ausdrücken des Geschehens oder der Folge eingeleitet mit der Subjunktion **ut/ut non** (mit Konjunktiv): dass/dass nicht.

Armīnius ad sociōs dīcit: „Facile fierī potest, ut legiōnēs Rōmānōrum dēvincāmus.	Arminius sagt zu seinen Gefährten: „Es kann leicht geschehen, dass wir die römischen Legionen besiegen.
Contingit, ut Rōmānī īnsidiās nostrās nōn effugiant."	Es glückt uns, dass die Römer aus unserem Hinterhalt nicht entkommen."

2. Abhängige Begehrsätze
drücken den Inhalt eines Wunsches, einer Bitte oder eines Befehls aus. Sie werden durch die Subjunktion **ut** (verneint: **nē**) mit Konjunktiv eingeleitet, die meistens mit **„dass“** (bzw. **„dass nicht“**) übersetzt wird. Teilweise ist auch eine deutsche Übersetzung mit Infinitiv und „zu“ möglich.

2.1 Abhängige Begehrsätze stehen z. B. nach folgenden Verben:

Verben des Wünschens und Bittens	Verben des Befehlens und Veranlassens	Verben des Strebens und Sorgens
implōrāre – anflehen optāre – wünschen ōrāre – bitten, beten petere – bitten rogāre – bitten	addūcere – veranlassen commovēre – bewegen, veranlassen imperāre – befehlen monēre – ermahnen	id agere – sich darum kümmern contendere – sich anstrengen cūrāre – dafür sorgen

Venus: „Tē rogō, pater, ut Aenēān fīlium servēs.“ — Venus: „Ich bitte dich, Vater, dass du meinen Sohn Aeneas rettest./... meinen Sohn Aeneas zu retten.“
Iūppiter: „Ego id agō, ut fīlius tuus tūtus sit.“ — Jupiter: „Ich kümmere mich darum, dass dein Sohn sicher ist.“

2.2 Es gibt auch abhängige Begehrsätze, die ausdrücken, dass etwas verhindert wird oder dass etwas gerade **nicht** geschehen soll, was aber befürchtet wird. Diese stehen unter anderem nach folgenden Verben und Ausdrücken:

Verben (und Ausdrücke) des Fürchtens	Verben des Hinderns
timēre – fürchten verērī – sich fürchten perīculum est – es besteht die Gefahr	impedīre – hindern prohibēre – abhalten, hindern

Nach den **Verben des Fürchtens und Hinderns** bedeutet **nē**: „dass“,
ut: „dass nicht“.

Venus: „Timeō, nē Aenēās fīlius in marī pereat.“ — Venus: „Ich fürchte, dass mein Sohn Aeneas auf dem Meer umkommt.“
Iūppiter: „Impediō, nē fīlius tuus pereat.“ — Jupiter: „Ich verhindere, dass dein Sohn umkommt.“

3. Abhängige (indirekte) Fragesätze
sind abhängig von Verben des Fragens, Sagens und Wissens. Sie werden wie die unabhängigen Fragesätze (vgl. **62**) eingeteilt in Wortfragen, Satzfragen und Wahlfragen (Doppelfragen).

3.1 **Abhängige Wortfragen** werden durch die bekannten **Fragewörter** (z. B. quis?, quid?, ubi?) eingeleitet.
Quīntus rogat, quis Caesarem interfēcerit. — Quintus fragt, wer Cäsar getötet hat.

3.2 **Abhängige Satzfragen** werden durch -ne oder num eingeleitet und je nach Kontext übersetzt mit: ob; ob nicht.

Videāmus, vērane sint, quae nuntius dīxit.	Lasst uns sehen, ob das wahr ist, was der Bote gesagt hat!
Disputāvimus, num paupertās malum esset.	Wir haben über die Frage diskutiert, ob Armut nicht ein Übel ist.
Quīntus rogat, num senātōrēs cōnsilium cēperint Caesarem interficere.	Quintus fragt, ob die Senatoren den Plan gefasst haben, Cäsar zu töten.

3.3 **Abhängige Wahlfragen** (Doppelfragen) werden eingeleitet durch **utrum ... an, ne ... an, ... an** und werden jeweils übersetzt mit: ob ... oder.

Quīntus rogat, utrum Caesar domī mānserit an theātrum Pompeī adierit.	Quintus fragt, ob Cäsar zu Hause blieb oder in das Theater des Pompeius ging.

3.4 In abhängigen Fragesätzen kann auch der **Deliberativ** verwendet werden.

Caesar sēcum cōgitat, quid faciat.	Cäsar überlegt bei sich, was er tun soll.

Nach verneinten Ausdrücken des Zweifelns wird der abhängige Fragesatz mit der Subjunktion quīn (dass) eingeleitet: Caesar nōn dubitat, quīn omnēs senatōrēs iam diū in theātrō Pompeī sint. – Cäsar zweifelt nicht daran, dass alle Senatoren schon längst im Theater des Pompeius sind.

66 Adverbialsätze

1. Temporalsätze

geben eine Zeitbestimmung für die Handlung des übergeordneten Satzes an. Die unterschiedlichen Subjunktionen bestimmen dabei
den Zeitpunkt (Wann?)
die zeitliche Abfolge und den Endpunkt (Seit wann? Bis wann?)
die Dauer (Wie lange?)
die Häufigkeit (Wie oft?)

1.1 Temporalsätze zur **Angabe des Zeitpunktes (Wann?)**

mit Indikativ	
1 cum (relativum): (damals) als	1 Eō tempore, cum Hannibal dux Poenōrum fuit, māgnae inimīcitiae inter Rōmānōs et Poenōs erant. – Zu der Zeit, als Hannibal der Anführer der Punier war, gab es große Feindschaft zwischen den Römern und den Puniern.
2 cum (inversivum): als (plötzlich)	2 Orpheus cum Eurȳdice ē Tartarō redībat. Iam lūcem vidēbat, cum sē subitō ad uxōrem vertit. – Orpheus ging gerade mit Eurydike aus dem Tartarus zurück. Schon sah er das Licht der Oberwelt, als er sich plötzlich zu seiner Ehefrau umwandte.
3 dum (mit Präsens): während	3 Eurȳdicē, dum Aristaeum pāstōrem fugit, in altā herbā serpentem nōn vīdit. – Während Eurydike vor dem Hirten Aristäus floh, übersah sie im hohen Gras eine Schlange.
4 postquam (mit Perfekt): nachdem	4 Orpheus, postquam Eurȳdicēn uxōrem dūxit, paulō post māgnam calamitātem accēpit. – Nachdem Orpheus Eurydike geheiratet hatte, widerfuhr ihm wenig später ein großes Unglück.

mit Konjunktiv	
cum (historicum): als, nachdem	Cum Germānī exercitum Rōmānōrum dēvīcissent, populus Rōmānus Marium cōnsulem creāvit. – Als (Nachdem) die Germanen das Heer der Römer vernichtend geschlagen hatten, wählte das römische Volk Marius zum Konsul.

1.2 Temporalsätze zur **Angabe der zeitlichen Abfolge und des Endpunktes (Seit wann? Bis wann?)**

mit Indikativ	
1 ubi prīmum, ut prīmum, cum prīmum (mit Perfekt): sobald	1 Ubi prīmum Orpheus sē vertit, Eurȳdicē in Tartarum rediit. – Sobald sich Orpheus umgewandt hatte, kehrte Eurydike in den Tartarus zurück.
2 dum: (solange) bis	2 Hīc manē, dum redeō! – Warte hier, bis ich zurückkomme.

Die Subjunktion dum kann auch mit dem Konjunktiv verbunden werden. Dieser betont dann eine finale Sinnrichtung: „... damit unterdessen ...“

1.3 Temporalsätze zur **Angabe der Dauer (Wie lange?)**

mit Indikativ	
dum, dōnec: solange	Dum spīrō, spērō. – Solange ich atme, hoffe ich. Dōnec eris fēlīx, multōs numerābis amīcōs. – Solange du glücklich bist, wirst du viele Freunde haben.

1.4 Temporalsätze zur **Angabe der Häufigkeit (Wie oft?)**

mit Indikativ	
cum (iterativum): immer wenn; sooft	Cum tē videō, gaudeō. – Immer wenn ich dich sehe, freue ich mich.

2. Kausalsätze

geben die **Begründung** an für eine Aussage im übergeordneten Satz.

mit Indikativ	
quod, quia: weil; da quoniam: weil ja	Clōdius, quod cōgnōvit Milōnem summō cōnsēnsū populī Rōmānī cōnsulem fierī, eī īnsidiās parāvit. – Weil Clodius erkannte, das Milo mit sehr großer Zustimmung des römischen Volkes zum Konsul gewählt wurde, stellte er ihm eine Falle.

mit Konjunktiv	
cum (causale): weil; da	Clōdius, cum cōgnōsceret Milōnem summō cōnsēnsū populī Rōmānī cōnsulem fierī, eī īnsidiās parāvit. – Weil Clodius erkannte, das Milo mit sehr großer Zustimmung des römischen Volkes zum Konsul gewählt wurde, stellte er ihm eine Falle.

3. Konzessivsätze

geben ein **Zugeständnis** an. Sie nennen im Nebensatz einen Sachverhalt; dieser hat jedoch im Hauptsatz nicht die erwartete Folge oder er steht dem Inhalt des Hauptsatzes entgegen. Im Hauptsatz stehen daher oft als Signalwörter die Adverbien tamen: dennoch; at: jedoch; vero: aber.

mit Indikativ	
quamquam: obwohl, obgleich etsi, etiamsi, tametsi: auch wenn, obwohl	Milō, quamquam Clōdius ei īnsidiās parāverat, tamen perīculum effūgit. – Obwohl Clodius ihm eine Falle gestellt hatte, entkam Milo dennoch der Gefahr.

mit Konjunktiv	
cum (concessivum): obwohl, obgleich	Milō, cum Clōdius ei īnsidiās parāvisset, tamen perīculum effūgit. – Obwohl Clodius ihm eine Falle gestellt hatte, entkam Milo dennoch der Gefahr.

4. **Adversativsätze**
geben eine Aussage an, die im **Gegensatz** zum übergeordneten Satz steht.

mit Konjunktiv	
cum (adversativum): während (dagegen)	Ad Bovillās Clōdius Milōnī occurrit, in equō, sine currū, sine uxōre, cum ille cum uxōre in currū sedēret. – Bei Bovillae kam Clodius Milo entgegen, zu Pferd, ohne Wagen, ohne Ehefrau, während (dagegen) jener mit seiner Frau in einem Wagen saß.

5. **Finalsätze**
drücken einen **Zweck** oder eine **Absicht** aus.

mit Konjunktiv	
ut: dass; damit; um ... zu (mit Inf.)	Imperātor Māxentius sē in urbem recēpit, ut intrā moenia impetūs Cōnstantīnī arcēret. – Kaiser Maxentius zog sich in die Stadt zurück, um innerhalb der Mauern die Angriffe Konstantins abzuwehren.
nē: dass nicht; damit nicht; um nicht ... zu (mit Inf.)	Māxentius ad pontem Mulvium fūgit, nē ab hostibus occīderētur. – Maxentius floh zur Milvischen Brücke, damit er nicht von den Feinden getötet werde/wurde/um nicht von den Feinden getötet zu werden.

6. **Konsekutivsätze**
drücken eine **Folge** aus. Sie stehen häufig nach Wörtern, die im übergeordneten Satz das Ausmaß eines Vorgangs oder einer Eigenschaft ausdrücken, welches eine genannte Folge nach sich zieht, z. B.: ita*:* so ..., (dass); tantus, a, um: so groß, (dass).

mit Konjunktiv	
ut: dass; so ... dass	Mīlitēs Cōnstantīnī tantā fortitūdine pūgnāvērunt, ut hostēs vincerent. – Die Soldaten Konstantins kämpften mit so großer Tapferkeit, dass sie die Feinde besiegten.
ut nōn: dass nicht; so dass ... nicht	Sīgnō Deī animī mīlitum Cōnstantīnī ita cōnfīrmātī sunt, ut mortem nōn timērent. – Durch das Zeichen Gottes sind die Soldaten Konstantins so ermutigt worden, dass sie den Tod nicht fürchteten.

7. Konditionalsätze

geben die **Bedingung** an, unter der sich eine Aussage des übergeordneten Satzes erfüllt oder nicht erfüllt. Konditionale Satzgefüge bestehen aus zwei Satzteilen: dem Gliedsatz, in dem die Bedingung genannt wird, und dem übergeordneten Hauptsatz, in dem die Schlussfolgerung gezogen wird. Der konditionale Nebensatz wird meist mit sī (wenn/falls) oder nisī (wenn nicht/falls nicht) eingeleitet.

7.1 Konditionalsätze können unterschiedliche Aussageformen enthalten. Man unterscheidet:
den **Realis**: Die Bedingung wird für realisierbar oder erfüllbar gehalten.
den **Irrealis**: Die Bedingung wird für nicht wirklich oder nicht erfüllbar gehalten.
den **Potentialis**: Die Bedingung wird für möglich oder denkbar gehalten. (vgl. 60.3)

7.2 Für die unterschiedlichen Aussageformen gelten im konditionalen Satzgefüge die folgenden Regeln:

Aussage-form	**Modus/Tempus im konditionalen Satzgefüge**	
Realis	Indikativ aller Tempora	Sacerdōs ad Oedipum dīcit: „Sī in patriam redībis, patrem occīdēs." – Der Priester sagt zu Ödipus: „Wenn du in deine Heimat zurückkehrst, wirst du deinen Vater töten."
Irrealis	1 der Gegenwart: Konjunktiv Imperfekt	1 Oedipus sēcum cōgitat: „Sī in patriam redīrem, patrem occīderem. Itaque in patriam nōn redībō." – Ödipus überlegt sich: „Wenn ich in meine Heimat zurückkehrte/zurückkehren würde, würde ich meinen Vater töten. Daher werde ich nicht in die Heimat zurückkehren."
	2 der Vergangenheit: Konjunktiv Plusquamperfekt	2 Oedipus nārrāvit: „Sī in patriam redīssem, patrem occīdissem. Itaque in patriam nōn rediī." – Ödipus erzählte: „Wenn ich in meine Heimat zurückgekehrt wäre, hätte ich meinen Vater getötet. Daher bin ich nicht in die Heimat zurückgekehrt."
Potentialis	Konjunktiv Präsens oder Perfekt	Oedipus sēcum cōgitat: „Sī in patriam redeam (redierim), patrem occīdam (occīderim). Itaque in patriam nōn redībō." – Ödipus überlegt sich: „Wenn ich in meine Heimat zurückkehre, werde ich wohl (könnte/dürfte ich) meinen Vater töten. Daher werde ich nicht in die Heimat zurückkehren."

67 Relativsätze

1. werden eingeleitet durch relative Pronomina (z. B. quī, quisquis, quīcumque, quantus, quālis) oder durch relative Adverbien (z. B. ubi, quō, cur).
Das Relativpronomen **quī, quae, quod** richtet sich im **Numerus** und im **Genus** nach seinem Bezugswort im übergeordneten Satz. Der **Kasus** hängt von der Funktion des Relativpronomens im Relativsatz ab (z. B.: Akkusativobjekt, Genitivattribut usw.).
Hannibal, quem Rōmānī timēbant, cōpiās Rōmānōrum vīcit. –
Hannibal, den die Römer fürchteten, besiegte die Truppen der Römer.

2. Im Lateinischen kann am Satzanfang statt eines Demonstrativpronomens ein Relativpronomen stehen. Es bezieht sich meist auf ein Substantiv, das im vorhergehenden Satz steht. Da das Relativpronomen die beiden Sätze besonders eng miteinander verknüpft, nennt man diese Erscheinung **relativen Satzanschluss**. Übersetzt wird das lateinische Relativpronomen dabei mit einem Demonstrativpronomen (dieser, diese, dieses).

Carthāgō urbs clāra erat. Quam Rōmānī dēlēvērunt.	Karthago war eine berühmte Stadt. Diese (aber) zerstörten die Römer.

3. Relativsätze mit Indikativ
haben meist die Funktion eines **Attributs**.
Tertiam partem Galliae incolunt iī, quī ipsōrum linguā Celtae appellantur. – Den dritten Teil Galliens bewohnen diejenigen, die in ihrer eigenen Sprache Kelten heißen.
Sie können gelegentlich auch die Funktion eines **Subjekts** oder **Objekts** übernehmen.
Subjekt: Bis dat, quī citō dat. – Zweimal gibt, wer schnell gibt.
Objekt: Quod scrīpsī, scrīpsī. – Was ich geschrieben habe, habe ich geschrieben.

4. Relativsätze mit Konjunktiv
Wenn ein Relativsatz im Konjunktiv steht, beinhaltet er in der Regel einen finalen, konsekutiven oder (selten) kausalen Nebensinn. Die jeweilige **adverbiale Sinnrichtung** muss aus dem Zusammenhang erschlossen werden.

Sinnrichtung	
final	Helvētiī lēgātōs ad Caesarem mīsērunt, quī pācem peterent. – Die Helvetier schickten Gesandte zu Cäsar, die um Frieden bitten sollten (damit sie um Frieden baten).
konsekutiv	Nōn is sum, quī perīculō mortis terrear. – Ich bin nicht der Mann, der sich von der Todesgefahr erschrecken ließe (ich bin nicht so beschaffen, dass ich ... erschreckt werde).
kausal	Hostēs subitō proelium commīsērunt. Tum dūx, quī nihil ante prōvīdisset, perterritus est. – Die Feinde begannen plötzlich das Gefecht. Da ist der Anführer, der (da er) keine Vorkehrungen getroffen hatte, sehr erschreckt worden.

Merke folgende Wendungen:

finale Sinrichtung:	dīgnus, quī	würdig, dass	indīgnus, quī	unwürdig, dass
	idōneus, quī	geeignet, dass		

konsekutive Sinnrichtung:	sunt, quī	es gibt Leute, die
	inveniuntur, quī	es finden sich Leute, die
	nēmō est, quī	es gibt niemanden, der
	quis est, quī	wo gibt es jemanden, der
	nōn sum is, quī	ich bin nicht der Mann, dass ich

5. Verschränkte Relativsätze

Wenn in einen Relativsatz eine weitere Konstruktion (z. B. AcI, Nebensatz) eingeschoben wird und mit dem Relativsatz eine enge Verbindung eingeht, nennt man dies eine **relative Verschränkung**. Für die Auflösung des verschränkten Relativsatzes gibt es im Deutschen verschiedene Möglichkeiten.

Hannibal, quem Alpēs trānsīsse scīmus, Rōmānīs māgnās clādēs intulit.

1 Erster Zugang (Hilfsübersetzung):	Hannibal, von dem wir wissen, dass er die Alpen überquert hat, hat den Römern schwere Niederlagen beigebracht.
2 Parenthese (fast immer möglich):	Hannibal, der – wie wir wissen – die Alpen überquert hat, hat den Römern schwere Niederlagen beigebracht.
3 Präpositionalausdruck (oft möglich):	Hannibal, der nach unserer Kenntnis die Alpen überquert hat, hat den Römern schwere Niederlagen beigebracht.
4 Adverb (selten möglich):	Hannibal, der bekanntlich die Alpen überquert hat, hat den Römern schwere Niederlagen beigebracht.

Textgrammatik

68 Textsemantik und Textsyntax

Während die Satzgrammatik beschreibt, wie Wörter miteinander einen Satz bilden, stellt die Textgrammatik dar, wie eine Folge von Sätzen zu einem zusammenhängenden Text verknüpft ist. Man kann dabei zwischen textsemantischen und textsyntaktischen Erscheinungen unterscheiden.

1. **Textsemantische** Erscheinungen stellen den gedanklichen Zusammenhang des Textes auf der Wortebene dar. Zu ihnen zählen u. a.:
   Wortwiederholungen und deren Umschreibungen durch bedeutungsgleiche oder -ähnliche Wörter – Pro-Formen – Sachfelder (vgl. 69.1)

2. **Textsyntaktische** Kriterien sind:
   Tempus – Modus – Genus verbi (Diathese) – Personenkennzeichen – Konnektoren (vgl. 69.2–3)

3. Bei der Analyse dieser Erscheinungen spielt auch die **Textsorte** eine große Rolle. Handelt es sich z. B. bei dem vorliegenden Text um ein Epigramm, einen Ausschnitt aus einer Elegie oder einem Epos, um einen Brief, eine philosophische Abhandlung oder um einen erzählenden Text? Erzählende Texte (z. B. aus einem Epos oder aus der Geschichtsschreibung) schildern die Ereignisse oft in der 3. Person, im Indikativ der Vergangenheit; die Konnektoren gliedern den Text vorwiegend nach den zeitlichen Abläufen. Erörternde Texte (z. B. Reden, Dialoge oder philosophische Abhandlungen) verwenden dagegen eher alle Modi, um Aufforderungen, Wünsche oder mögliche bzw. unmögliche Überlegungen zum Ausdruck zu bringen. Sie enthalten eher alle Personenkennzeichen, da sich oft ein Sprecher in der 1. Person an einen Adressaten in der 2. Person wendet. Die Konnektoren in erörternden Texten können vielfach begründend oder folgernd sein.

69 Textinterpretation

Bei der Interpretation eines Textes kann man z. B. in folgenden Schritten vorgehen:

1. Verschaffe dir einen Überblick über das **Thema** dieses Textes. Die Überschrift und die Einleitung geben dir meist erste Anhaltspunkte. Weiterhin sind die genannten textsemantischen Erscheinungen hilfreich: Wörter, die in dem Text öfter wiederholt oder umschrieben werden, bilden in der Regel den oder einen Schwerpunkt des Themas. Dazu gehören auch die sogenannten **Pro-Formen**. Dies sind Pronomina, die auf bereits verwendete oder noch zu erwähnende Sachverhalte/Personen hinweisen. Schließlich können auch **Sachfelder** auf das vorherrschende Thema des Textes führen.

2. Wenn du diese textsemantischen Erscheinungen in deinem Text markierst, kannst du auf dieser Grundlage schon eine erste **Gliederung** erstellen. Orientiere dich dabei auch an den **Konnektoren**, die angeben, ob die Aussage eine zeitliche Abfolge, einen Gegensatz, eine Begründung oder eine Folgerung angibt.

3. Mache dir klar, welche **Textsorte** vorliegt, und untersuche die einzelnen Abschnitte des Textes nach den genannten textsyntaktischen Kriterien: So erscheint in erzählenden Texten die Haupthandlung meist im **Tempus** Perfekt, während Vorgänge, die die Haupthandlung im Hintergrund begleiten, vorwiegend im Tempus Imperfekt dargestellt werden; Voraussagen erscheinen im Futur (vgl. 52–57). Historische Ereignisse und Berichte werden vorwiegend im **Modus** Indikativ erzählt; Befehle, Aufforderungen, Verbote, mögliche Handlungen oder Überlegungen werden im Modus Imperativ bzw. Konjunktiv ausgedrückt. Die **Personenkennzeichen** und die **genera verbi** (Diathesen) geben dir Aufschluss darüber, wer jeweils aktiv handelt und Urheber der Handlung ist bzw. wer von ihr passiv betroffen ist. Berücksichtige dabei auch die stilistische Gestaltung des Textes und die Funktion der Stilmittel (vgl. 71) für die Aussageabsicht.

4. Fasse die Ergebnisse deiner Einzelbeobachtungen in einem zusammenhängenden Text zusammen.

70 Beispiel einer Textinterpretation

Ein Eid darf nicht gebrochen werden

Der römische Schriftsteller Aulus Gellius (geb. um 125 n. Chr.) erläutert an einem Ereignis aus dem Jahr 216 v. Chr., dass bei den Römern ein Eid als unverletzlich und heilig galt.

Post proelium Cannense Hannibal, Carthaginiensium imperator, ex captivis nostris electos decem Romam misit mandavitque eis pactusque est, ut, si populo Romano videretur, permutatio fieret captivorum et pro his, quos alteri plures acciperent, darent argenti pondo libram et semilibram. Hoc, priusquam proficiscerentur, iusiurandum eos adegit redituros esse in castra Punica, si Romani captivos non permutarent.

Nach der Schlacht bei Cannae wählte Hannibal, der Feldherr der Karthager, zehn unserer Gefangenen aus und schickte sie mit dem Auftrag und der Abmachung nach Rom, sofern das römische Volk einverstanden sei, sollte ein Austausch von Gefangenen vorgenommen werden, und für die, die die eine Seite mehr erhalte, sollte sie anderthalb Pfund Silber zahlen. Bevor sie aufbrachen, zwang er sie dazu zu schwören, dass sie in das Lager der Punier zurückkehrten, falls die Römer die Gefangenen nicht austauschen würden.

Veniunt Romam decem captivi. Mandatum Poeni imperatoris in senatu exponunt. Permutatio senatui non placita. Parentes, cognati adfinesque captivorum amplexi eos postliminio in patriam redire dicebant statumque eorum integrum incolumemque esse ac, ne ad hostes redire vellent, orabant. Tum octo ex his postliminium iustum non esse sibi responderunt, quoniam deiurio vincti forent, statimque, uti iurati erant, ad Hannibalem profecti sunt. Duo reliqui Romae manserunt solutosque esse se ac liberatos religione dicebant, quoniam, cum egressi castra hostium fuissent, commenticio consilio regressi eodem, tamquam si ob aliquam fortuitam causam, issent atque ita iureiurando satisfacto rursum iniurati abissent.

Die zehn Gefangenen kommen nach Rom. Sie unterbreiten dem Senat den Auftrag des punischen Feldherrn. Der Senat war mit dem Austausch nicht einverstanden. Eltern, Verwandte und Nachbarn der Gefangenen umarmten diese und versuchten ihnen klarzumachen, dass sie nach dem Heimkehrrecht ins Vaterland zurückgekehrt seien und dass ihre frühere Stellung als Bürger unverletzt und unangetastet sei, und sie baten sie eindringlich, die Absicht, zu den Feinden zurückzukehren, aufzugeben. Da antworteten acht von ihnen, das Heimkehrrecht stünde ihnen nicht zu, da sie ja durch einen Eid gebunden seien, und sie kehrten sofort, wie sie geschworen hatten, zu Hannibal zurück. Die beiden anderen blieben in Rom und erklärten, sie seien völlig frei von einer Bindung; sie seien nämlich nach dem Verlassen des feindlichen Lagers unter einem betrügerischen Vorwand um- und wie zufällig ebendorthin zurückgekehrt. Nachdem sie so ihrem Eid entsprochen hätten, seien sie wieder – ohne Schwur – davongegangen.

Haec eorum fraudulenta calliditas tam esse turpis existimata est, ut contempti vulgo discerptique sint censoresque eos postea omnium notarum et damnis et ignominiis adfecerint, quoniam, quod facturos deieraverant, non fecissent.

Diese Verschlagenheit der beiden wurde als so ehrenrührig angesehen, dass sie allgemein verachtet und beschimpft wurden und die Zensoren sie später mit der schändlichen Strafe einer öffentlichen Rüge belegten, weil sie nicht das getan hätten, was zu tun sie geschworen hatten.

1. Es handelt sich um einen erzählenden Text, der über ein historisches Ereignis berichtet. Die zeitliche Einordnung wird mit den ersten drei Worten (Z. 1: Post proelium Cannense) gegeben: Es handelt sich um eine Begebenheit aus dem August 216 v. Chr., als die Römer im 2. Punischen Krieg durch den karthagischen Feldherrn Hannibal bei Cannae in Süditalien eine vernichtende Niederlage erlitten hatten. Dieser Umstand erschwert zusätzlich die Bedingungen, den vom feindlichen Feldherrn verlangten Eid einzuhalten.

2. Der Text gliedert sich in drei Abschnitte, in denen jeweils ein anderer Handlungsträger im Mittelpunkt steht.

2.1 In Z. 1–11 ist der siegreiche Feldherr Hannibal der bestimmende Akteur, wie auch die Prädikate, die vorwiegend in der 3. Pers. Sg. Ind. Perfekt Aktiv stehen, vermitteln: Hannibal schickt römische Gefangene (Z. 3: misit) mit einem von ihm festgelegten Auftrag (Z. 3 f.: mandavitque eis pactusque est) nach Rom und erzwingt zusätzlich von ihnen die eidliche Versicherung ihrer Rückkehr in sein Lager (Z. 9: iusiurandum eos adegit). Auch wenn es sich um einen gegenseitigen Gefangenenaustausch (Z. 5: permutatio, Z. 10: permutarent) handelt, der als höfliches Angebot an die Römer formuliert ist, (Z. 4f.: si populo Romano videretur), macht die dreimalige Wiederholung des Wortes captivi (Z. 2, Z. 5, Z. 10) klar, in welcher Situation sich die zehn ausgewählten Römer befinden: Sie sind in der Gewalt des Siegers, der keinen Widerspruch duldet. Dass es im Übrigen wohl auch die Römer sein werden, die das Silber zahlen müssen, wird im Text nicht gesagt, kann man aber angesichts dieses „Angebots" wohl zu Recht vermuten.

2.2 Z. 12–29 stellen die Ereignisse in Rom dar, nachdem die Gefangenen dort angekommen sind. Das Tempus der ersten beiden Prädikate ist das Praesens historicum (vgl. **52.2**); es weist darauf hin, dass jetzt die entscheidende Handlung beginnt. Gerade zu Beginn dieses Abschnittes dominieren kurze, asyndetisch aneinander gereihte Hauptsätze, die eine Temposteigerung bewirken. Dazu gehört auch die Ellipse der Kopula est in Z. 14 (placita), sodass die zeitlich lang andauernden Vorgänge (die Reise der Gefangenen und ihre Ankunft in Rom, das Einberufen einer Senatssitzung, der Vortrag der Gefangenen im Senat, die Diskussion unter den Senatoren und schließlich die Abstimmung über den Vorschlag Hannibals) in einer überraschenden Geschwindigkeit aufeinander folgen. Der Wechsel in das Imperfekt (Z. 14ff.: Parentes, cognati adfinesque captivorum ... dicebant ... ac ... orabant.) markiert Vorgänge, die im Hintergrund ablaufen und die entscheidende Handlung begleiten: Familienangehörige und Nachbarn versuchen, die Gefangenen davon abzuhalten, die Konsequenzen der Ablehnung des Senats zu ertragen und sich wieder in Gefangenschaft zu begeben. Der gesamte Text verzichtet auf Konnektoren; nur an dieser Stelle leiten tum (Z. 19) und statim (Z. 21) die Reaktion der acht Gefangenen ein, die sich von den Bitten nicht beeindrucken lassen. Ihre Handlungen erscheinen im Indikativ Perfekt, das die Haupthandlung wieder aufnimmt und vollzieht: Eine kurze Antwort an die Angehörigen (Z. 20: responderunt) und unmittelbar danach der Aufbruch in das Lager Hannibals (Z. 22: ad Hannibalem profecti sunt). Zwei Gefangene bleiben in Rom; dies wird zunächst genauso lapidar als Feststellung wiedergegeben (Z. 23: Romae manserunt). Dann wechselt jedoch das Tempus in das Imperfekt (Z. 24: dicebant). Um diesen Tempusgebrauch zu deuten, gibt es zunächst zwei Möglichkeiten: dicebant kann als iteratives Imperfekt (vgl. **53.2**) verstanden werden: Die beiden eidbrüchigen Römer geben *immer wieder*, bei jeder Gelegenheit und vor allen möglichen Leuten, die Begründung für ihre Entscheidung. Es kann aber auch als Imperfekt de conatu (vgl. **53.3**) verstanden werden: Sie *versuchten*, ihre Entscheidung zu begründen. Dass die Begründung für ihre Aussage, sie seien nicht mehr an den Eid gebunden, sehr gesucht und konstruiert ist, macht auch der Satzbau deutlich: Der mit der Subjunktion quoniam eingeleitete Kausalsatz wird immer wieder unterbrochen, zuerst durch einen Temporalsatz (Z. 24f.: cum egressi ... fuissent), dann durch ein Partizip (Z. 26: regressi), durch einen Vergleich (Z. 26f.: tamquam si ob aliquam fortuitam causam), zuletzt durch einen Ablativus absolutus (Z. 28: iureiurando satisfacto). Auf diese Weise ist der Inhalt ihrer Aussage sprachlich nur schwer nachzuvollziehen.

2.3 Der letzte Abschnitt (Z. 30–35) schildert die Reaktion auf das Verhalten der beiden eidbrüchigen Römer, die nur noch mit dem Demonstrativpronomen (Z. 30: eorum;

Z. 32: eos) bezeichnet werden. Ihr Verhalten wird vom Erzähler als fraudulenta calliditas (Z. 30) bezeichnet, was darauf schließen lässt, dass dicebant (Z. 24) als Imperfekt de conatu anzusehen ist: Die Ausreden sind längst als Betrug durchschaut. Die ersten drei Prädikate in diesem Abschnitt (Z. 31 ff.: ... turpis existimata est, ut contempti vulgo discerptique sint) stehen jeweils im Perfekt Passiv; ein Urheber wird explizit nicht genannt. Aus dem Wort vulgo kann man aber schließen, dass es die römischen Bürger sein müssen, die in ihrer Gesamtheit das Verhalten der beiden eidbrüchigen Römer missbilligen und sie selbst mit Verachtung strafen. Dass diese Reaktionen der gesamten römischen Bürgerschaft nicht Ressentiments sind, sondern ihre Berechtigung haben und daher sogar in gesetzlich anerkannte Sanktionen münden, machen Z. 32 ff. deutlich. Hier sind die Censoren Subjekt; das Prädikat im Perfekt Aktiv erläutert, dass diejenigen Magistrate, die berechtigt sind, Verstöße gegen die mores maiorum zu ahnden, den beiden eidbrüchigen Gefangenen die ihnen gebührende Strafe zukommen lassen.

71 Ausgewählte Stilmittel

In den Texten der lateinischen Literatur finden wir häufig Stilmittel, mit denen die Autoren ihre Texte gestaltet und ausgeschmückt haben. Die Stilmittel dienten dazu, den jeweiligen Inhalt hervorzuheben oder zu veranschaulichen. Auch in der Rhetorik, etwa in Reden vor Gericht oder in der Politik, wurden Stilmittel verwandt, um die Wirkung der Worte zu steigern. Die häufigsten Stilmittel sind im Folgenden aufgeführt.

Alliteration: Mehrere aufeinander folgende Wörter haben den gleichen Anlaut. (Sueton, Caesar 37, 2: Vēnī, vīdī, vīcī. – Ich kam, sah, siegte.)

Anapher: Am Anfang von aufeinander folgenden Satzteilen oder Sätzen wird dasselbe Wort wiederholt. (Cicero, In Antonium 4, 3: Multa meminī, multa audīvī, multa lēgī, Quirītēs. – An Vieles habe ich mich erinnert, Vieles habe ich gehört, Vieles habe ich gelesen, Quiriten.)

Antithese: Zu einer Behauptung (These) wird eine Gegenbehauptung aufgestellt bzw. ein Widerspruch formuliert. Wörter, Satzteile oder Sätze werden einander gegenübergestellt. (Cicero, In Antonium 4, 12: Nōn est vōbis rēs, Quirītēs, cum scelerātō homine ac nēfāriō, sed cum immānī taetrāque bēluā. – Nicht habt ihr es, Quiriten, mit einem verbrecherischen und ruchlosen Menschen zu tun, sondern mit einem maßlosen und abscheulichen Untier.)

Asýndeton: Wörter oder Satzteile werden unverbunden aneinandergereiht. (Sueton, Caesar 37, 2: Vēnī, vīdī, vīcī. – Ich kam, sah, siegte.)

Chiasmus: Syntaktisch gleichgestellte Wörter oder Wortgruppen werden in umgekehrter Reihenfolge gestellt (a b b a). Untereinander gestellt ergeben sie die Figur des griechischen Buchstaben Chi (X). (Sallust, Coniuratio Catilinae 9, 1: Concordia maxuma, minuma avāritia erat. – Die Eintracht war sehr groß, sehr gering dagegen die Habgier.)

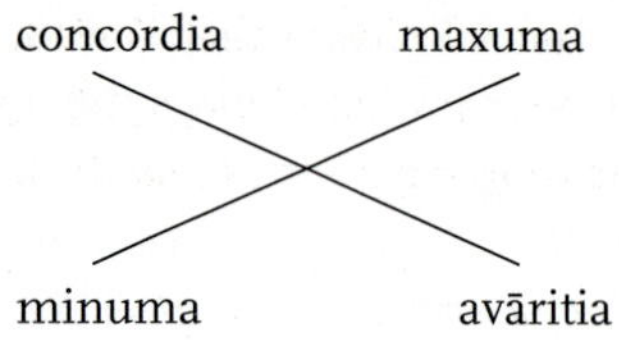

Ellipse: Ein – normalerweise nötiges – Wort wird ausgelassen; es kann aber aus dem Kontext rekonstruiert werden. Häufig ist es eine Form von esse. (Sallust, Coniuratio Catilinae 16, 5: In Italiā nūllus exercitus. – In Italien [gab es] kein Heer.)

Enallagé: Ein Adjektiv-Attribut, das inhaltlich zu einem bestimmten Substantiv gehört, wird grammatisch jedoch zu einem anderen Substantiv gestellt. (Phaedrus 2, 11: Cāseum vulpēs avidīs rapuit dentibus. – Der gierige Fuchs raubte den Käse mit seinen Zähnen. – statt: Der Fuchs raubte den Käse mit seinen gierigen Zähnen.)

Hendiadyoín: Zwei bedeutungsgleiche oder -ähnliche Wörter werden zum Ausdruck eines Begriffs oder Sachverhalts verbunden und durch einen verstärkten deutschen Ausdruck wiedergegeben. (Caesar, Bellum Gallicum IV 18, 4: Sugambrī ... sē in sōlitūdinem ac silvās abdiderant ... – Die Sugambrer hatten sich in den einsamen Wäldern versteckt. – statt: Die Sugambrer hatten sich in der Einsamkeit und in den Wäldern versteckt.)

Homoiotéleuton: Die gleiche Endsilbe oder der gleiche Auslaut wird in aufeinander folgenden Wörtern wiederholt. (Cicero, Pro Caelio 78: Homō sine rē, sine fidē, sine spē, sine sēde. – Ein Mensch ohne Besitz, ohne Kredit, ohne Hoffnung, ohne [festen] Wohnsitz.)

Hyperbaton: Syntaktisch zusammengehörende Wörter werden durch einen Einschub getrennt. (Caesar, Bellum Gallicum I 9, 1: Relinquebatur una per Sequanos via. – Übrig blieb nur mehr der Weg durch das Gebiet der Sequaner.)

Hyperbel: Eine Sache wird durch eine Übertreibung dargestellt. (Cicero, In Catilinam 1, 3: Catilīna orbem terrae caede atque incendiīs vastāre cupit. – Catilina will den Erdkreis mit Mord und Brand verwüsten.)

Inversion: Die übliche Wortfolge wird umgestellt. (Cicero, In Verrem II 3, 307: Lūgent omnēs prōvinciae, queruntur omnēs līberī populī. – Es trauern alle Provinzen, es klagen alle freien Völker.)

Klimax: Wörter oder Sätze werden im Sinne einer Steigerung angeordnet. (Cicero, In Catilinam 2, 1: Abiit, excessit, ēvāsit, ērūpit. – Er ging fort, er entfernte sich, er entkam, er stürzte davon.)

Litotes: Eine Aussage wird durch eine doppelte Verneinung verstärkt. (Quintilian, Institutiones X 1, 12: Nōn īgnōrō. – Ich weiß genau.)

Metapher: Ein bildlicher Begriff oder Ausdruck wird aus seinem eigentlichen Bedeutungszusammenhang in einen anderen übertragen. (Cicero, in Verrem II 2,5: Catō nūtrīcem plēbis Rōmānae Siciliam nōmināvit. – Cato nannte Sizilien die Amme der römischen Plebs.)

Metonymie: Ein Begriff wird durch einen anderen aus demselben Sachbereich ersetzt. (Cicero, In Antonium 4, 7: Omnēs mortālēs ... cōnsentiunt. – Alle Sterblichen [= Menschen] sind sich einig.)

Oxýmoron: Einander widersprechende Begriffe werden trotz unterschiedlicher Sinnrichtungen gedanklich verbunden. (Cicero, In Catilinam 1, 21: Cum tacent, clāmant. – Wenn sie schweigen, rufen sie laut.)

Parallelismus: Syntaktisch gleichgestellte Wortgruppen oder Satzteile sind in der gleichen Reihenfolge angeordnet. (Cicero, Pro Murena 17: Superāvī dīgnitāte Catilīnam, grātiā Galbam. – Übertroffen habe ich an Würde Catilina, an Gefälligkeit Galba.)

Polyptoton: Dasselbe Wort wird innerhalb eines Satzes in einem oder in mehreren Kasus wiederholt. (Ovid, Met. 10, 293 f.: Virgō ... timidum ad lūmina lūmen attollens ... vīdit amantem. – Das junge Mädchen erhob zum Licht ihre scheuen Augen und sah den Liebenden.)

Polysýndeton: Wörter oder Wortgruppen einer Aufzählung werden durch Konjunktionen verbunden. (Cicero, In Catilinam 2,1: L. Catilīnam ... ex urbe vel ēiēcimus vel ēmīsimus vel ipsum ēgredientem verbīs prōsecūti sumus. – L. Catilina haben wir aus der Stadt hinausgeworfen oder fortgeschickt oder, als er freiwillig hinausging, mit Worten begleitet.)

Rhetorische Frage: Eine Feststellung wird in die Form einer Frage gekleidet, auf die jedoch keine Antwort erwartet wird. (Cicero, In Catilinam 1,1: Quō usque tandem abūtēre, Catilīna, patientiā nostrā? – Wie lange noch, Catilina, wirst du unsere Geduld missbrauchen?)

Trikolon: Die Dreierfigur ist ein aus drei Wörtern oder Wortgruppen bestehender Ausdruck. (Caesar, Bellum Gallicum I 1, 2: [Galli] linguā, īnstitūtīs, lēgibus inter sē differunt. – [Die Gallier] unterscheiden sich in ihrer Sprache, in ihren Gebräuchen und Gesetzen voneinander.)

Metrik (Verslehre)

72 Quantitäten

1. In der Verslehre gilt eine Silbe als lang,
   a) wenn sie durch lange Vokale oder Diphtonge (Doppellaute) von Natur aus lang ist (sog. Naturlänge): aetās
   b) wenn nach einem kurzen Vokal mehr als ein Konsonant folgt (sog. Positionslänge): īntēndĕrĕ, īn nŏvă.

2. Folgt auf einen stummen Verschlusslaut (Muta: b, p, d, t, g, c) ein fließender Konsonant (Liquida: l, m, n, r), wird die vorausgehende Silbe meist kurz gemessen: vērbă prēcāntĭă. Gelegentlich kann sie aber auch lang gemessen werden: vērbā prēcāntĭă („muta cum liquida-Regel)

3. Im Zweifelsfall geben das Vokabelregister deines Lehrwerkes, das Lexikon oder die Grammatik Auskunft über die Quantität der einzelnen Silben. Als allgemeine Regeln gelten:
   a) Endsilben auf a und e sind meist kurz, Endsilben auf i, o, u sind meist lang.
   b) Alle Endsilben, die nicht auf -s auslauten, sind kurz, also: portăm, aber: portās.
   c) Ein Vokal vor einem anderen Vokal in demselben Wort ist meist kurz: mĕās.

73 Metrik

1. Das wesentliche Kennzeichen der Dichtung gegenüber der Prosa ist der Rhythmus, der durch eine Abfolge von langen (–) und kurzen (U) Silben entsteht. Bei den Römern entstand dieser Rhythmus durch eine genaue Beachtung der Quantitäten (quantitierende Metrik); im Deutschen dagegen wird der Rhythmus durch einen Wechsel von betonten und unbetonten Silben erzielt (akzentuierende Metrik).

2. Die kleinste rhythmische Einheit ist der **Versfuß**. Die wichtigsten Versfüße der lateinischen Dichtung sind:
   der Daktylus (– U U)
   der Spondeus (– –)
   der Jambus (U –)
   der Trochäus (– U)
   der Anapäst (U U –)

3. Ein einzelner Daktylus oder Spondeus, je zwei Jamben oder Trochäen oder Anapäste bilden ein **Metrum** (vom griechischen Wort métron: Maß). Die Abfolge einer bestimmten Anzahl von Metren nennt man **Vers**.

4. Beim Lesen der Verse sind einige Regeln zu beachten:

4.1 Stößt ein Vokal am Wortende auf einen Vokal am Wortanfang, entsteht ein **Hiat** (von hiare: auseinander klaffen). Dieser wird meistens durch eine **Elision** vermieden. Dabei wird der auslautende (erste) Vokal „ausgestoßen“: primaqu~~e~~ ab origine mundi. Dies gilt auch, wenn das erste Wort auf Vokal + m endet (utque loc~~um~~ et visa) oder wenn das zweite Wort mit h beginnt: abluer~~e~~ (h)ic artus.

4.2 Ist das zweite Wort est (oder es), wird der vokalische Anlaut nicht gesprochen (**Aphärese**, vom griechischen Wort Aphairesis: Wegnahme): aurea prima sata ~~e~~st aetas.

4.3 Manchmal werden auch im Wortinnern in einer **Synizese** zwei Silben miteinander verschmolzen (de-inde).

74 Einzelne Versmaße

1. Der **daktylische Hexameter**, ein Vers mit sechs (vom griechischen Wort hex: sechs) Metren, ist das Metrum von Epos und Lehrgedicht. Der Hexameter hat folgendes Schema:

$$\acute{-}\,\overline{\cup\cup} \mid \acute{-}\,\overline{\cup\cup} \mid \acute{-}\,\overline{\cup\cup} \mid \acute{-}\,\overline{\cup\cup} \mid \acute{-}\,\overline{\cup\cup} \mid \acute{-}\;x$$

Der Daktylus kann durch einen Spondeus ersetzt werden, was im 5. Metrum allerdings nur äußerst selten geschieht. Einen Vers, in dem das 5. Metrum einen Spondeus enthält, nennt man auch versus spondiacus. Das 6. Metrum des Hexameters ist immer zweisilbig, wobei die zweite Silbe kurz (U) oder lang (–) sein kann (syllaba anceps: x).

2. Der **daktylische Pentameter** (vom griechischen Wort pente: fünf) besteht aus zwei Halbversen der Grundform – U U | – U U | – . Im ersten Halbvers dürfen die Daktylen durch Spondeen ersetzt werden, im zweiten nicht, sodass sich folgendes Schema ergibt:

$$\acute{-}\,\overline{\cup\cup} \mid \acute{-}\,\overline{\cup\cup} \mid \acute{-} \parallel \acute{-}\,\cup\cup \mid \acute{-}\,\cup\cup \mid x$$

Der Pentameter erscheint nur in Verbindung mit dem Hexameter. Die Einheit von Hexameter und Pentameter heißt **(elegisches) Distichon**; dies ist das Versmaß der Elegie oder des Epigramms.

75 Zäsuren und Enjambement

1. Der lateinische Vers ist häufig durch einen sinnvollen Einschnitt, eine Zäsur oder eine Dihärese, gegliedert. Eine **Zäsur** liegt vor, wenn ein Versfuß durch das Wortende geteilt wird. Die wichtigsten Zäsuren beim Hexameter sind die **Penthemimeres** (nach dem fünften Halbfuß) sowie – oft in Kombination – die **Trithemimeres** (nach dem dritten Halbfuß) und **Hephthemimeres** (nach dem siebten Halbfuß):

$$\acute{-}\,\overline{\cup\cup} \mid \acute{-} \parallel \overline{\cup\cup} \mid \acute{-} \parallel \overline{\cup\cup} \mid \acute{-} \parallel \overline{\cup\cup} \mid \acute{-}\,\cup\cup \mid \acute{-}\;x$$

Eine **Dihärese** bezeichnet einen Einschnitt nach einem Versfuß, der mit dem Ende eines Wortes zusammenfällt (siehe im folgenden Beispiel Vers 2). Besonders bekannt ist die bukolische Dihärese nach dem vierten Metrum.

2. Hat der Vers am Ende keine Pause, sondern „springt hinüber“ zum nächsten Vers, liegt ein **Enjambement** vor.

3. Am Beispiel der ersten Verse aus Ovids Metamorphosen (Proömium) können Funktion und Wirkung der Zäsuren bzw. des „Hinüberspringen“ deutlich werden:

   – ∪∪ | – ∪∪ | – – | – – | – ∪∪ | – –
   In nova fert || animus || mutatas dicere formas

   – ∪∪ | – – | – – | – – | – ∪ ∪ | – –
   corpora. | Di, || coeptis, || nam vos mutastis et illas,

   – – | – ∪ ∪ | – – | – ∪ ∪ | – ∪∪ | – –
   adspirate meis || primaqu(e) ab origine mundi

   – ∪∪ | – ∪∪ | – – | – ∪∪ | – ∪∪ | – ∪
   ad mea perpetuum || deducite tempora carmen.

   (Ovid, Metamorphosen 1, 1-4)

Stammformen wichtiger Verben

a-Konjugation

v-Perfekt

1	**laudāre**	laudō	laudāvī	laudātum	loben

Mit dem v-Perfekt werden die Stammformen der meisten Verben der a-Konjugation gebildet.

Dehnungsperfekt

2	**iuvāre**	iuvō	iūvi	iūtum	erfreuen, unterstützen
	adiuvāre	adiuvō	adiūvī	adiūtum	unterstützen, helfen

Reduplikationsperfekt

3	**dare**	dō	dēdī	datum	geben
	circumdare	circumdō	circumdedī	circumdatum	umgeben, herumlegen
4	**stare**	stō	stetī		stehen
	instāre	instō	institī		bevorstehen, drohen
	praestāre	praestō	praestitī		übertreffen

Deponentien

5	**hortārī**	hortor	hortātus sum		ermahnen, ermuntern

Ebenso werden die Stammformen aller weiterer Deponentien der a-Konjugation gebildet.

e-Konjugation

v-Perfekt

6	**complēre**	compleō	complēvī	complētum	anfüllen, erfüllen, vollenden
7	**dēlēre**	dēleō	dēlēvī	dēlētum	vernichten, zerstören
8	**flēre**	fleō	flēvī		weinen, beweinen

u-Perfekt

9	**arcēre**	arceō	arcuī		fernhalten, abwehren
	exercēre	exerceō	exercuī		üben, betreiben; quälen
10	**carēre**	careō	caruī		entbehren, nicht haben
11	**debēre**	debeō	debuī	debitum	müssen
12	**docēre**	doceō	docuī	doctum	lehren, unterrichten
13	**dolēre**	doleō	doluī		Schmerzen empfinden, traurig sein
14	**egēre**	egeō	eguī		Mangel haben, entbehren

15	**habēre**	habeō	habuī	habitum	haben, halten
	adhibēre	adhibeō	adhibuī	adhibitum	anwenden, hinzuziehen
	prohibēre	prohibeō	prohibuī	prohibitum	abhalten, hindern
16	**iacēre**	iaceō	iacuī		liegen
17	**monēre**	moneō	monuī	monitum	ermahnen, erinnern
18	**parēre**	pareō	paruī		gehorchen
	appārēre	appāreō	appāruī		erscheinen, auftauchen, sich zeigen
19	**tenēre**	teneō	tenuī		halten, festhalten
	obtinēre	obtineō	obtinuī	obtentum	besitzen, verwalten
	pertinēre	pertineō	pertinuī		sich auf etwas beziehen, zu etw. gehören
	retinēre	retineō	retinuī	retentum	zurückhalten, festhalten
	sustinēre	sustineō	sustinuī		aushalten, ertragen
20	**placēre**	placeō	placuī		gefallen
21	**studēre**	studeō	studuī		sich bemühen, streben
22	**stupēre**	stupeō	stupuī		verblüfft sein, staunen
23	**tacēre**	taceō	tacuī		schweigen, still sein
24	**terrēre**	terreō	terruī	territum	erschrecken, in Schrecken versetzen
25	**timēre**	timeō	timuī		sich fürchten
26	**valēre**	valeō	valuī		stark sein, mächtig sein

s-Perfekt

27	**ārdēre**	ārdeō	ārsī		brennen, entbrannt sein
28	**augēre**	augeō	auxī	auctum	vermehren, vergrößern, fördern
29	**haerēre**	haereō	haesī		hängen bleiben
30	**iubēre**	iubeō	iussī	iussum	befehlen
31	**manēre**	maneō	mansī		bleiben, warten; erwarten
32	**suadēre**	suadeō	suasī	suasum	raten, empfehlen
	persuādēre	persuādeō	persuāsī	persuāsum	überreden, überzeugen
33	**ridēre**	rideō	rīsī	rīsum	(über etwas) lachen
34	**torquēre**	torqueō	torsī	tortum	drehen, quälen
35	**urgēre**	urgeō	ursī		bedrängen

Dehnungsperfekt

36	**cavēre**	caveō	cāvī	cautum	Acht geben, sich hüten
37	**favēre**	faveō	fāvī		begünstigen, fördern
38	**movēre**	**moveō**	**mōvī**	**mōtum**	**bewegen, veranlassen**
	commovēre	commoveō	commōvī	commōtum	bewegen, erregen
	permovēre	permoveō	permōvī	permōtum	veranlassen, beunruhigen
39	**sedēre**	sedeō	sēdī		sitzen
	possidēre	possideō	possēdī	possessum	besitzen
40	**vidēre**	videō	vīdī	vīsum	sehen
	prōvidēre	prōvideō	prōvīdī	prōvīsum	vorhersehen; Vorsorge treffen

Reduplikationsperfekt

41	**respondēre**	respondeō	respondī	respōnsum	antworten

Deponentien

42	**fatērī**	fateor	fassus sum		gestehen, bekennen
	cōnfitērī	cōnfiteor	cōnfessus sum		gestehen
43	**pollicērī**	polliceor	pollicitus sum		versprechen
44	**rērī**	reor	ratus sum		meinen, berechnen
45	**tuērī**	tueor			betrachten, beschützen
46	**verērī**	vereor	veritus sum		sich fürchten, scheuen; verehren

Semideponentien

47	**audēre**	audeō	ausus sum		wagen
48	**gaudēre**	gaudeō	gāvīsus sum		sich freuen
49	**solēre**	soleō	solitus sum		gewohnt sein, gewöhnlicherweise tun

i-Konjugation

v-Perfekt

50	**aperīre**	aperiō	aperuī	apertum	öffnen, aufdecken
51	**audīre**	audiō	audīvī	audītum	hören
52	**dormīre**	dormiō	dormīvī		schlafen
53	**impedīre**	impediō	impedīvī	impedītum	hindern, verhindern
54	**munīre**	muniō	munīvī	munītum	Mauern bauen, schützen
55	**scīre**	sciō	scīvī (sciī)		wissen, kennen
	nescīre	nesciō	nescīvī		nicht wissen, nicht verstehen
56	**servīre**	serviō	servīvī		dienen

u-Perfekt

57	**aperīre**	aperiō	aperuī	apertum	aufdecken, öffnen
58	**dēsilīre**	dēsiliō	dēsiluī		herabspringen

s-Perfekt

59	**sentīre**	sentiō	sēnsī	sēnsum	fühlen, meinen

Dehnungsperfekt

60	**venīre**	veniō	vēnī	ventum	kommen
	circumvenīre	circumveniō	circumvēnī	circumventum	umzingeln; umgeben
	convenīre	conveniō	convēnī	conventum	zusammenkommen, treffen
	invenīre	inveniō	invēnī	inventum	finden, erfinden
	pervenīre	perveniō	pervēnī	perventum	ankommen, (wohin) gelangen

Reduplikationsperfekt

61	**reperīre**	reperiō	repperī	repertum	finden
	comperīre	comperiō	comperī	compertum	erfahren

Deponentien

62	**mōlīrī**	mōlior	mōlītus sum	in Bewegung setzen; unternehmen
63	**potīrī**	potior	potītus sum	sich bemächtigen, etw. erlangen

konsonantische Konjugation

v-Perfekt

64	**arcessere**	arcessō	arcessīvī	arcessitum	herbeiholen, herbeikommen lassen
65	**cōgnōscere**	cōgnōscō	cōgnōvī	cōgnitum	kennenlernen, erkennen
66	**crēscere**	crēscō	crēvī		wachsen
67	**dēcernere**	dēcernō	dēcrēvī	dēcrētum	entscheiden, beschließen
68	**lacessere**	lacessō	lacessīvī	lacessītum	reizen, herausfordern
69	**petere**	petō	petīvī	petītum	erbitten, eilen; angreifen
	repetere	repetō	repetīvī	repetītum	wiederholen; zurückfordern
70	**quaerere**	quaerō	quaesīvī	quaesītum	suchen, fragen
71	**quiēscere**	quiēscō	quiēvī	quiētum	(aus)ruhen, schlafen
72	**sinere**	sinō	sivī		lassen, zulassen
	dēsinere	dēsinō	dēsiī		aufhören, ablassen

u-Perfekt

73	**alere**	alō	aluī		ernähren, großziehen
74	**colere**	colō	coluī	cultum	bebauen, pflegen, verehren
75	**cōnsulere**	cōnsulō	cōnsuluī	cōnsultum	um Rat fragen, sorgen
76	**dēserere**	dēserō	dēseruī	dēsertum	verlassen, im Stich lassen
	disserere	disserō	disseruī		sprechen über, erörtern
77	**ponere**	ponō	posuī	positum	setzen, stellen, legen
	dēpōnere	dēpōnō	dēposuī	dēpositum	niederlegen, aufgeben
	expōnere	expōnō	exposuī	expositum	aussetzen, ausstellen
	impōnere	impōnō	imposuī	impositum	auferlegen, einsetzen

s-Perfekt

78	**cēdere**	cēdō	cessī	cessum	gehen, weichen
	accēdere	accēdō	accessī	accessum	herantreten, hinzukommen
	discēdere	discēdō	discessī	discessum	auseinandergehen, weggehen
	excēdere	excēdō	excessī	excessum	hinausgehen, weggehen
	prōcēdere	prōcēdō	prōcessī	prōcessum	vorwärts gehen, vorrücken
79	**dīcere**	dīcō	dīxī	dictum	sagen, sprechen
80	**dūcere**	dūcō	dūxī	ductum	führen, ziehen
	abdūcere	abdūcō	abdūxī	abductum	wegführen, abbringen
	addūcere	addūcō	addūxī	adductum	heranführen, veranlassen
	condūcere	condūcō	condūxī	conductum	zusammenführen; anwerben, mieten
	ēdūcere	ēdūcō	ēdūxī	ēductum	herausführen, herausziehen
	indūcere	indūcō	indūxī	inductum	hineinführen; verleiten, veranlassen
	trādūcere	trādūcō	trādūxī	trādūctum	hinüberführen
81	**dīvidere**	dīvidō	dīvīsī	dīvīsum	trennen, teilen, verteilen
82	**flectere**	flectō	flexī	flexum	biegen, beugen, umstimmen
83	**gerere**	gerō	gessī	gestum	tragen, ausführen
84	**intellegere**	intellegō	intellexī	intellectum	erkennen, begreifen
	neglegere	neglegō	neglexī	neglectum	vernachlässigen, unbeachtet lassen
85	**īnstruere**	īnstruō	īnstrūxī	īnstrūctum	aufstellen; ausrüsten; unterrichten
86	**iungere**	iungō	iūnxī	iūnctum	verbinden, vereinigen
	coniungere	coniungō	coniūnxī	coniūnctum	verbinden, vereinigen
87	**laedere**	laedō	laesī	laesum	verletzen, beschädigen
88	**lūdere**	lūdō	lūsī	lūsum	spielen
89	**mittere**	mittō	mīsī	missum	schicken
	āmittere	āmittō	āmīsī	āmissum	verlieren
	committere	committō	commīsī	commissum	zusammenbringen, übergeben, anvertrauen
	dīmittere	dīmittō	dīmīsī	dīmissum	entsenden, entlassen, aufgeben
	omittere	omittō	omīsī	omissum	aufgeben, beiseite lassen
	prōmittere	prōmittō	prōmīsī	prōmissum	versprechen
90	**premere**	premō	pressī	pressum	pressen, bedrängen
	opprimere	opprimō	oppressī	oppressum	unterdrücken, überfallen
91	**regere**	regō	rēxī	rēctum	lenken, leiten
	pergere	pergō	perrēxī	perrēctum	weitergehen; (etwas) fortsetzen
	surgere	surgō	surrēxī		sich erheben, aufstehen
92	**scrībere**	scrībō	scrīpsī	scrīptum	schreiben
	conscrībere	conscrībō	conscrīpsī	conscrīptum	in eine Liste eintragen, verfassen
93	**sūmere**	sūmō	sūmpsī	sūmptum	nehmen
94	**tegere**	tegō	tēxī	tēctum	(be)decken, schützen
95	**trahere**	trahō	trāxī	tractum	ziehen, schleppen
96	**vīvere**	vīvo	vīxī		leben

Dehnungsperfekt

97	**agere**	agō	ēgī	āctum	handeln, verhandeln, betreiben
	cōgere	cōgō	coēgī	coāctum	zusammenbringen; zwingen
98	**cōnsīdere**	cōnsīdō	cōnsēdī		sich niederlassen, sich setzen
99	**emere**	emō	ēmī	ēmptum	kaufen
100	**legere**	legō	lēgī	lēctum	lesen, sammeln
	dēligere	dēligō	dēlēgī	dēlēctum	auswählen
101	**relinquere**	relinquō	relīquī	relīctum	verlassen, zurücklassen
102	**rumpere**	rumpō	rūpī	ruptum	zerbrechen
	corrumpere	corrumpō	corrūpī	corruptum	verderben, bestechen
103	**vincere**	vincō	vīcī	victum	siegen, besiegen
	dēvincere	dēvincō	dēvicī	dēvictum	(völlig) besiegen

Reduplikationsperfekt

104	**bibere**	bibō	bibī		trinken
105	**cadere**	cadō	cecidī		fallen
	occidere	occidō	occidī		untergehen, umkommen
106	**caedere**	caedō	cecīdī	caesum	fällen, niederhauen, töten
	occīdere	occīdō	occīdī	occīsum	niederhauen, töten
107	**canere**	canō	cecinī		singen; ertönen
108	**currere**	currō	cucurrī		eilen, laufen, rennen
	occurrere	occurrō	occurrī		entgegeneilen, begegnen
109	**dēdere**	dēdō	dēdidī	dēditum	übergeben, ausliefern
	addere	addō	addidī	additum	hinzufügen, ergänzen
	condere	condō	condidī	conditum	gründen, erbauen; aufbewahren, verbergen
	crēdere	crēdō	crēdidī	crēditum	glauben; (an)vertrauen
	perdere	perdō	perdidī	perditum	verderben, zugrunde richten; verlieren
	prōdere	prōdō	prōdidī	prōditum	überliefern; verraten
	reddere	reddō	reddidī	redditum	zurückgeben
	tradere	trādō	trādidī	trāditum	überliefern; übergeben
	vendere	vendō	vendidī	venditum	verkaufen
110	discere	discō	didicī		lernen
111	fallere	fallō	fefellī		täuschen, betrügen
112	**parcere**	parcō	pepercī		schonen; sparen
113	**pellere**	pellō	pepulī	pulsum	stoßen, schlagen
	expellere	expellō	expulī	expulsum	vertreiben, verbannen
114	**poscere**	poscō	poposcī		fordern, verlangen
115	**sistere**	sistō	stetī		sich hinstellen
	cōnsistere	cōnsistō	cōnstitī		sich hinstellen, haltmachen
	resistere	resistō	restitī		Widerstand leisten; stehen bleiben
116	**tangere**	tangō	tetigī	tāctum	berühren
	contingere	contingō	contigī		gelingen, zuteil werden

117	**tendere**	tendō	tetendī	tentum	spannen, ausstrecken
	cōntendere	cōntendō	cōntendī	cōntentum	sich anstrengen; eilen; kämpfen; behaupten
	ostendere	ostendō	ostendī		zeigen, darlegen

ohne Stammveränderung

118	**solvere**	solvō	solvī	solūtum	lösen
	absolvere	absolvō	absolvī	absolūtum	loslösen, freisprechen
119	**ascendere**	ascendō	ascendī	ascēnsum	besteigen, hinaufsteigen
	dēscendere	dēscendō	dēscendī		herabsteigen
120	**comprehendere**	comprehendō	comprehendī	comprehensum	erfassen, ergreifen, verhaften
	reprehendere	reprehendō	reprehendī	reprehēnsum	zurückhalten; kritisieren, tadeln
121	**dēfendere**	dēfendō	dēfendī	dēfensum	verteidigen
	offendere	offendō	offendī	offēnsum	anstoßen, verletzen, beleidigen
122	**incendere**	incendō	incendī	incensum	anzünden, entflammen
123	**statuere**	statuō	statuī	statūtum	festsetzen, beschließen
	cōnstituere	cōnstituō	cōnstituī	constitūtum	festsetzen, beschließen
	īnstituere	īnstituō	īnstituī	īnstitūtum	errichten; unterrichten
	restituere	restituō	restituī	restitūtum	wiederherstellen, zurückgeben
124	**vertere**	vertō	vertī	versum	wenden, drehen
	animadvertere	animadvertō	animadvertī	animadversum	wahrnehmen, bemerken
	convertere	convertō	convertī	conversum	umdrehen, (hin)wenden
125	**volvere**	volvō	volvī	volūtum	wälzen, rollen

Deponentien

126	**loquī**	loquor	locūtus sum		sprechen, reden
127	**nāscī**	nāscor	nātus sum		geboren werden, entstehen
128	**oblīvīscī**	oblīvīscor	oblītus sum		vergessen
129	**proficīscī**	proficīscor	profectus sum		aufbrechen, reisen, marschieren
130	**sequī**	sequor	secūtus sum		folgen
	cōnsequī	cōnsequor	cōnsecutus sum		erreichen, einholen
131	**ūtī**	ūtor	ūsus sum		benutzen, gebrauchen

Semideponentien

132	**cōnfīdere**	cōnfīdō	cōnfīsus sum		vertrauen
133	**revertī**	revertor	revertī	reversus	zurückkehren

konsonantische Konjugation mit i-Erweiterung

v-Perfekt

134	**cupere**	cupiō	cupīvī	cupītum	wünschen, begehren

u-Perfekt

135	**rapere**	rapiō	rapuī	raptum	an sich reißen, rauben
	corripere	corripiō	corripuī	correptum	ergreifen, packen
	dīripere	dīripiō	dīripuī	dīreptum	plündern
	ēripere	ēripiō	ēripuī	ēreptum	entreißen

s-Perfekt

136	**aspicere**	aspiciō	aspexī	aspectum	ansehen
	cōnspicere	cōnspiciō	cōnspexī	cōnspectum	erblicken, ansehen
	dēspicere	dēspiciō	dēspexī	dēspectum	heransehen, verachten
	perspicere	perspiciō	perspexī	perspectum	durchschauen, erkennen
	prōspicere	prōspiciō	prōspexī	prōspectum	voraussehen; sorgen

Dehnungsperfekt

137	**capere**	capiō	cēpī	captum	fassen, ergreifen, erobern
	accipere	accipiō	accēpī	acceptum	annehmen, aufnehmen
	dēcipere	dēcipiō	dēcēpī	dēceptum	täuschen, betrügen
	incipere	incipiō	coepī	coeptum	anfangen, beginnen
	praecipere	praecipiō	praecēpī	praeceptum	vorschreiben, befehlen
	recipere	recipiō	recēpī	receptum	zurücknehmen, aufnehmen
	suscipere	suscipiō	suscēpī	susceptum	auf sich nehmen, unternehmen
138	**facere**	faciō	fēcī	factum	machen, tun
	afficere	afficiō	affēcī	affectum	versehen, behandeln
	cōnficere	cōnficiō	cōnfēcī	cōnfectum	zustande bringen, vollenden; aufreiben
	dēficere	dēficiō	dēfēcī	dēfectum	abnehmen, fehlen
	efficere	efficiō	effēcī	effectum	bewirken, herstellen
	interficere	interficiō	interfēcī	interfectum	töten
	perficere	perficiō	perfēcī	perfectum	vollenden, durchsetzen
	praeficere	praeficiō	praefēcī	praefectum	an die Spitze stellen
139	**fugere**	fugiō	fūgī		fliehen
	effugere	effugiō	effūgī		entfliehen, entkommen
140	**iacere**	iaciō	iēcī	iactum	werfen, schleudern
	abicere	abiciō	abiēcī	abiectum	wegwerfen, niederlegen
	conicere	coniciō	coniēcī	coniectum	werfen; vermuten
	obicere	obiciō	obiēcī	obiectum	vorwerfen
	subicere	subiciō	subiēcī	subiectum	unterwerfen

Reduplikationsperfekt

141	**parere**	pariō	peperī	partum	hervorbringen, gebären

Deponentien

142	**aggredī**	aggredior	agressus sum	herangehen, angreifen
	ingredī	ingredior	ingressus sum	hineingehen, betreten
143	**morī**	morior	mortuus sum	sterben
144	**patī**	patior	passus sum	erleiden, zulassen

Semideponentien

145	**fierī**	fiō	factus sum	gemacht werden; geschehen; entstehen

esse

146	**esse**	sum	fuī	sein
	abesse	absum	āfuī	abwesend sein, entfernt sein, fehlen
	adesse	adsum	affuī	da sein; helfen
	dēesse	dēsum	dēfuī	fehlen, nicht vorhanden sein
	interesse	intersum	interfuī	dabei sein, teilnehmen
	praeesse	praesum	praefuī	an der Spitze stehen, leiten
	prōdesse	prōsum	prōfuī	nützen
	superesse	supersum	superfuī	übrig sein, überleben
147	**posse**	possum	potuī	können, imstande sein

ferre

148	**ferre**	ferō	tulī	lātum	tragen, bringen; ertragen
	afferre	afferō	attulī	allātum	herbeitragen, hinzufügen
	auferre	auferō	abstulī	ablātum	wegtragen, wegbringen
	cōnferre	cōnferō	cōntulī	cōllātum	zusammentragen; vergleichen
	dēferre	dēferō	dētulī	dēlātum	hinabtragen, darbieten
	inferre	inferō	intulī	illātum	hineintragen
	offerre	offerō	obtulī	oblātum	entgegen bringen, anbieten
	perferre	perferō	pertulī	perlātum	ertragen; überbringen
	praeferre	praeferō	praetulī	praelātum	vorziehen, lieber mögen
	referre	referō	rettulī	relātum	zurückbringen, berichten
	trānsferre	trānsferō	trānstulī	trānslātum	hinüberbringen
149	**tollere**	tollō	sustulī	sublātum	aufheben, beseitigen

velle

150	**velle**	volō	voluī	wollen
151	**mālle**	mālō	māluī	lieber wollen, vorziehen
152	**nōlle**	nōlō	nōluī	nicht wollen

Register

Dieses Register enthält alle wichtigen grammatischen Begriffe der Formenlehre, Satz- und Textgrammatik. Die Zahlen verweisen auf die Paragrafen in der Randspalte.